$$W = \frac{1}{2}mv^2$$

$$x = \frac{24.11 + 24.05 + 24.13 + 24.12}{4}$$

$$P = I^2 R$$

$$0.5 \times (85 - 65) = 10$$

$$nm \geq k\frac{L^2}{v^2}$$

$$W = F\Delta x = \frac{1}{2}kx_1 \cdot x_1 = \frac{1}{2}kx_1^2$$

$$(x) = (x - 24.11)^2 + (x - 24.05)^2 + (x - 24.13)^2 + (x - 24.12)^2$$

$$y(t) = \int_{-\infty}^{\infty} f(\tau)g(t - \tau)\,\mathrm{d}\tau$$

$$x_n = \sqrt{\frac{2W}{k} + x_{n-1}^2} = \sqrt{\frac{2nW}{k}} = v\sqrt{\frac{nm}{k}}$$

$y=a+bt$

$$2(x-24.11)+2(x-24.05)+2(x-24.13)+2(x-24.12)=$$

$$y = kx + b$$

$$y' = -2x+2$$

$$W = F\Delta x = \frac{1}{2}kx_1 \cdot x_1 = \frac{1}{2}kx_1^2$$

$$x_n \geq L$$

$$P(A|B, C) = P(A|C)$$

$$\begin{cases} x_1 + x_2 = 35 \\ 2x_1 + 4x_2 = 94 \end{cases}$$

$$1 - \left(1 - \frac{1000}{36^6}\right)^n = 0.1$$

$$x_1 = \sqrt{\frac{2W}{k}}$$

$$x_2 = \sqrt{\frac{2W}{k} + x_1^2} = \sqrt{\frac{4W}{k}}$$

$$-2x + 2 = 0$$

$$W = \frac{1}{2}mv^2$$

$$x = \frac{24.11 + 24.05 + 24.13 + 24.12}{4}$$

$$P = I^2 R$$

$$0.5 \times (85 - 65) = 10$$

$$nm \geq k\frac{L^2}{v^2}$$

$$W = F\Delta x = \frac{1}{2}kx_1 \cdot x_1 = \frac{1}{2}kx_1^2$$

$$(x) = (x - 24.11)^2 + (x - 24.05)^2 + (x - 24.13)^2 + (x - 24.12)^2$$

$$y(t) = \int_{-\infty}^{\infty} f(\tau)g(t - \tau)\mathrm{d}\tau$$

$$x_n = \sqrt{\frac{2W}{k} + x_{n-1}^2} = \sqrt{\frac{2nW}{k}} = v\sqrt{\frac{nm}{k}}$$

$y=a+bt$

$$2(x-24.11)+2(x-24.05)+2(x-24.13)+2(x-24.12)=$$

$$y=kx+b$$

$$y'=-2x+2$$

$$W=F\Delta x=\frac{1}{2}kx_1\cdot x_1=\frac{1}{2}kx_1^2$$

$$x_n\geq L$$

$$P(A|B,\ C)=P(A|C)$$

$$\begin{cases} x_1+x_2=35 \\ 2x_1+4x_2=94 \end{cases}$$

$$1-\left(1-\frac{1000}{36^6}\right)^n=0.1$$

$$x_1=\sqrt{\frac{2W}{k}}$$

$$x_2=\sqrt{\frac{2W}{k}+x_1^2}=\sqrt{\frac{4W}{k}}$$

心中有數 腳下有路

用數學思維解讀世界、解決生活中的難題

劉雪峰 —— 著

〈推薦序〉

用日常與數學豐富你的世界觀

洪瀞

你是否曾經讀完一本書後，非但不排斥再度翻開它，且每次閱讀都有新鮮的體悟與啓發？《心中有數，腳下有路》就是這樣一本相當值得被收藏的科普書。

我相信，多數人都承認數學的重要性，同時也可能認為數學是抽象且難以理解的，尤其是高中之後的數學。若你身處於這時期，為了解題與取得高分，「背起來」是一個辦法，但這通常不是一個有趣的做法。與之相對，若能透過貼近生活的簡單故事，以此幫助我們深入賞析數學的應用會有趣得多，本書就是如此。書中融合了許多引人深思的故事，以它們為線索，串連起各種往往難以解釋的複雜而深奧的數學概念，使得整個閱讀過程不僅有趣，更從中不斷發現和產生新的想法，獲益良多。

透過本書的詮釋，諸如「最小平方法」「摺積」「基本機率」「稀疏性」「矩陣」「奇異值」等術語，突然就變得有趣，還會萌生一種「原來可以這樣理解」的驚喜感，能相當程度啓發好奇心，更鼓勵進一步探索和學習更多。我自己在上課時就引用了不少書中提到的，例如電鍋的自動斷電是如何設計的，這些令人難忘且相當實用的趣味故事。藉由這種**深入淺出地詮釋方式**，

即便是對數學感到陌生或害怕的人也能進一步理解它們的意義，學會重要的數學概念。

　　數學家約翰‧馮紐曼告訴我們：「若人們不相信數學簡單，只因他們未意識到生命之複雜。」看似模糊與複雜的概念，也可能具有相對簡單的本質。拓撲學即是一個不錯的例子，可以用來解釋這段話。因為在拓撲學裡，數學家們判定咖啡杯和甜甜圈是一樣的東西。原因相當簡單——它們都有一個洞。本質上，數學是一個非常有趣且應用廣泛的學科，而且能在生活的各個面向被落實。只不過，有太多的術語、觀念與生活間的連結過於薄弱，而使數學與現實的距離遙遠，就像拓撲學。若想讓更多人感受數學的魅力，就需要更多的把數學術語與生活做連結，藉此打破隔閡，讓人們能輕鬆理解看似複雜卻與生活息息相關的數學概念。

　　簡言之，這是一本使數學變得有趣且鼓勵深入思考，以此開闊新視角的書。作者巧妙運用日常故事和經典案例來解釋數學概念，使其易於理解，同時也顯示了數學在生活中的重要性。我認為，這是一本能引起共鳴，以及給予我們編織新想法的書。退一步說，就算你無法在讀完本書就立刻掌握裡頭探討的理論和觀念，但我相信你至少將會對這些理論和觀念產生好感與樂趣。誠心推薦這本好書。

（本文作者為《自己的力學》作者、
成功大學土木工程學系副教授、雙寶爸）

〈推薦序〉

演算法與人生可互為借鑑

曹建農

　　花時間認真閱讀本書後，我學到很多，領悟不少。演算法與人生都是藝術，演算法相當於電腦程式的靈魂，而人生則更深邃。成功的設計需要邏輯思維、經驗和認知等，其中創意尤其不可或缺。讀了本書，你對此一定會有更深的感受。

　　電腦科學和生活的關係之密切，體現在計算思維為我們解決生活中的種種問題，且提供了思考途徑與解決方法；同時，計算思維也從生活的智慧中借鑑了很多有益的思想和啟示。所以，演算法與人生可以互為借鑑。在本書中，作者用他豐富的研究經驗和對生活的深刻理解，將演算法與生活聯繫起來，讓我們既可以**用生活中的知識和經驗理解演算法，也可以用演算法解釋人生**。

　　一方面，我們會感覺到，積累的生活經驗越多，我們想學習電腦知識就越容易。平時我在給學生上課或進行指導時，喜歡引用課題背後的人與物在生活中的故事進而發展出的知識和技術。學生聽了這些故事，便會了解相關知識的創意與演進，或者技術發明的背景和動機，從而加深相應的理解，這本書裡，就有很多這樣的故事。

　　另一方面，演算法的奇妙之處在於它可以幫助我們認識與解

決生活中的問題，本書也給了我們很多這樣的啓示，使我們產生更多的聯想，比如機器學習和生活的關聯。人工神經網路其實也是一種演算法，它從資訊處理角度對人腦神經元網路進行抽象處理。人工神經網路的運算模型對生活的提示也反映在方方面面。其一，在神經網路訓練中，爲節點間的連接賦予權重並改變加權連接，可以改變網路的輸出。在生活中，如果我們要對某件事有更強的掌控力，就要對其給予更高的權重。其二，與反向傳播神經網路演算法類似，即我們要想改變或養成一個新習慣，就要改變環境，消除或加強對習慣行爲的提示，以抑制或刺激大腦中的回饋迴路。其三，就像我們登上山峰後，想要以最快的速度回到山腳下的目的地，深度學習中的梯度下降法會告訴我們，在事先無法看清所有路徑時，如何持續評估並找出哪條路連著最陡的下坡，使我們能在最短時間內到達山下。同理，如果在生活中無法預測事情是否會順利發展，我們可以不斷觀察前進的方向，以最小的代價達到自己的目標。

　　無論是體驗生活，還是追求知識，都需要我們運用好奇心與觀察力，產生領悟，而這需要練習、反思和總結。作者就是透過這樣的觀察和領悟，用演算法和人生之間的關聯，幫我們加強對兩者的理解。

　　全書分爲三大部分：〈思維篇〉〈方法篇〉和〈學習篇〉。〈思維篇〉告訴我們怎樣看待一件事，從而更好地提升認識，做

出更好的選擇。〈方法篇〉告訴我們如何看待問題以及怎樣抓住問題的本質，並分享了常用的問題解決模式。〈學習篇〉則分享了讀書、學習和表達的方法。

平時我很喜歡看科普讀物，期待從中獲得啟迪和靈感。儘管市面上有不少這樣的讀物，但像這本書一樣聚焦於電腦演算法領域的書並不多，因此本書非常值得一讀。我逐章逐段地閱讀了全書，獲益匪淺。希望各位有心的讀者也會有同樣的感受。

（本文作者為香港理工大學教授）

〈前言〉

機率的世界觀：靠努力提高成功機運

　　我上大學時學的是自動控制專業。了解這個專業的人也許知道，自動控制專業的基礎課程覆蓋很廣，涉及很多學科，內容多而雜。一次和數學相關的基礎課上的經歷讓我至今記憶猶新。上課鈴聲一響起，老師就認真地從頭開始在黑板上推導一個公式。這個公式比較複雜，老師用了整整兩節課的時間，推導過程寫滿了幾個黑板；下課時，卻發現最後的結論和書上的不一樣。老師跟我們說：「同學們別著急，下次上課我再給大家重新推導一遍。」

　　這一經歷可能並不多見，但是一些大學生或許會有這種感受：拿到一本教科書，上面的每個公式都有密密麻麻、嚴謹的推導過程，一眼看上去令人生畏。為了看懂這道公式，你硬著頭皮仔細研讀每一步過程，然後自己拿筆試著推導好幾遍，直到最終將公式導出來才感到心安。你會想：「我已經把這個公式推導出來了，應該理解這個概念了。」你的心裡除了湧現挫折感外，應該還會不時浮現一個個疑問：「這道公式到底有什麼用？它能幫助我解決生活中的什麼問題？」最後甚至冒出這麼一個念頭：「我真的理解這個概念嗎？」

　　很可惜，在大多數時候，我們都無法找到上面這些問題的答案。於是成功推導出公式除了能讓我們通過考試外，只給我們帶來了「我應該理解了這個概念」的安慰。大部分人會一直帶著這些未被解答的疑惑，在考完試之後馬上就把這些數學公式忘得乾乾淨淨。

　　有的人認為，數學是數學，生活是生活。數學的概念只是那些書本上的公式，這些公式屬於數學家，和自己沒有任何關係。就像朱自清在〈荷塘月色〉裡寫的那句話：「但熱鬧是它們的，我什麼也沒有。」

　　如果我告訴你，很多數學概念的背後都閃耀著智慧的光芒，這些智慧能幫我們更好地看清這個繁雜的社會，並且能幫助我們在生活中做出更好的決策和行為，你相信嗎？

　　也許你會質疑：「什麼，數學公式還能幫我們解決生活問題？你不是在開玩笑吧。」

　　如果你有這種疑問，也許下面「**最小平方法**」「**病態方程組**」等案例，會讓你改變對數學的看法。

　　數學中有一種演算法叫作「最小平方法」。數學家高斯曾經用最小平方法準確預測出一顆行星的位置。但是如果你只是背下最小平方法的估計式 $x=\left(A^{\mathrm{T}}A\right)^{-1}A^{\mathrm{T}}b$，或只會套用這個估計式來解一些書本上的問題，那麼你就沒有體會到最小平方估計背後的智慧。透過最小平方估計找到的解，不力求讓少數方程式完全成

立，而是讓所有方程式左右兩邊的誤差之和最小，它背後體現出來的思想，是**做事情不追求絕對完美，而是在接受不完美的前提下權衡多方利益，找到最佳平衡點**。這其實和孔子推崇的「**中庸之道**」或「**執兩用中**」的智慧不謀而合。

又比如，在數學中，有「微分法」和「數值演算法」這兩種解法，它們實際上對應我們生活中解決問題的兩種思路。用「微分法」來找到函數的極限，可以分為三步：（1）函數微分，（2）令導數為零，（3）找到該方程式的解。每一步都不能出錯，最終才可以得到答案。這種模式對應一個成語：「**步步為營**」。它要求每一步都力求完美，把整個流程走完才能得到想要的結果。「數值演算法」則對應另外一個成語：「**精益求精**」。它並不要求在每一步做到最好，而是迅速走完一輪，然後在本輪結果的基礎上疊代，反覆多輪，不斷提高，最後也可以得到一個好結果。「精益求精」模式不僅與產品開發、專案管理中的「敏捷模型」相對應，也與互聯網公司經常說的「**小步快跑，快速疊代**」相對應，意指「**完成比完美更重要**」。

又比如，在線性代數中，有一個概念叫作「**病態方程組**」，即一個線性方程組（聯立方程式）$y=Ax$ 中 y 和 A 的輕微變化會導致解 x 有極大變化。但如果你只知道病態方程組這個概念，就錯過了這個概念背後的智慧：方程組中的每條直線，實際上代表一個視角，而直線的交點，就是從多個視角達成的共識。病態函

　　數這個例子告訴我們，如果多個人想透過交流的方式達成共識，了解某個事情背後的真相，那麼這些人最好有不同的視角。一旦視角太接近，那麼這些不同視角交叉得到的共識，會對雜訊極為敏感。一點點雜訊，都會對最後的結果產生極大的影響，這就是所謂的「**失之毫釐，差之千里**」，也是「**多樣性紅利**」的數學解釋。

　　在電腦科學中，有一個演算法叫作「**模擬退火演算法**」。模擬退火演算法可以幫助我們透過逐步疊代，找到某一個函數的最優解。如果你只會簡單地應用這個演算法來解決函數的極限值問題，就錯過了這個演算法背後閃耀的智慧。

　　在我看來，人生其實就是一個尋找最優解的過程，我們總是透過不斷努力提升自己，在最後達到自己可能達成的最高位置。而模擬退火演算法告訴我們，一個人在年輕的時候，應該讓自己充分探索，接受暫時的不完美，從而避免陷入局部的最優值，並在將來攀上一個更高的山峰。而到了一定階段，知道自己最適合什麼以後，就應該在自己最適合的地方深耕，不要輕易切換賽道。所以，一個大學生畢業之後，就應該去大城市闖一闖，多嘗試一些行業，而不是老老實實待在一個一眼就能看到未來的職位上一輩子。

　　以上的幾個例子，就是數學公式和演算法背後的智慧。這些智慧能幫助我們更好地看清這個世界，並在你遇到問題的時候，

提供你更科學的視角，讓你做出更好的決策和行為。

如果你是一名理工科的在校或已畢業的大學生，這本書一定適合你。尤其是資訊科學系、電子工程學系和自動控制學系的學生，看到你在書本上曾經學到、似曾相識的這些數學公式背後竟然包含那麼深刻而智慧的道理，你就可以立刻理解它們。它們會成為烙印在你大腦裡的思維方式，而不只是停留在書本上的數學公式。

如果你是一名從沒接觸過這些數學公式的文科生，這本書也同樣適合你。透過這本書，你不再會被那些看似「勸退」的數學公式「嚇倒」。你會藉由這些公式和演算法，直接理解它們背後閃耀的理性思維。作為一名文科生，如果你能掌握這些思維，它會立刻幫你打開一扇新世界的窗戶，在你困惑和迷惘時，從另外一個視角提供你啟示，讓你能更加深刻地看待問題，甚至能改變你的人生觀和做事態度。

例如，我們從小被教育的世界觀是「事在人為」。然而，有這種世界觀的人雖然通常樂觀而積極，卻容易因現實中的挫折與打擊而產生無力感。有的人的世界觀則是另外一頭的「宿命論」：一切都是確定的，一切都是最好的安排。然而，在我看來，正確的世界觀，應該介於兩者之間，叫作**機率的世界觀**。機率的世界觀的核心思想很簡單：**很多事情的最終結果是我們不能保證的，但是，這個結果發生的機率是我們可以靠努力改變的。**

最後，願這本《心中有數，腳下有路》，能讓你心中有數，
幫助你更好地看清這個世界。

目錄

思維篇
用理性思維看待世界

方法篇
解決難題的策略和技巧

學習篇
如何學習和表達？

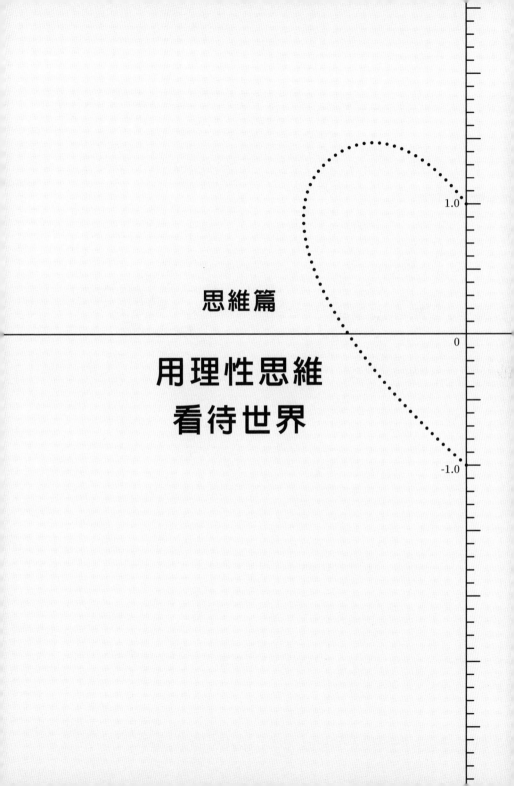

思維篇

用理性思維
看待世界

1.0

0

-1.0

第 1 章

雖不能保證結果，
但可努力趨近目標── 機率

平靜接受現實嗎？

　　小王大學畢業工作了幾年後，因為不喜歡朝九晚五的生活，
於是找了幾個志同道合的朋友，一起在山明水秀的家鄉開了一家
民宿。雖然他初入這個領域，經驗不多，但對這個行業有極大的
熱情。小王經常看一些商管類書籍，也喜歡看關於成功法則和自
我啟發的書。每天早上起床後，小王會站在鏡子前握緊拳頭對自
己大聲說：「你會成功的！」他相信「一分耕耘，一分收穫」，
他把自己最喜歡的一句格言「事在人為」，掛在臥室的牆上。

　　可是，儘管他很努力工作，卻在經營民宿的過程中不斷遭遇
各種困難；在裝修期間，工期不斷被拖延，好不容易把民宿開起
來，又要為如何宣傳傷腦筋。積累了幾年口碑後，雖然旅客慢慢
多了起來，卻又因為房租、水電費和各種稅金，使得民宿長期處
於勉強收支平衡的境地。旅遊淡季時，遊客稀少而民宿的接待能
力充盈，到了旺季，民宿的接待能力卻又明顯不足。兩年前，小

王和朋友們花大錢擴建民宿，準備在旺季大賺一票，可是突如其來的疫情又讓這些投入看不到報酬。

近半年來，小王很迷惘，常覺得自己的努力沒有得到回報。他不懂為什麼命運要這樣捉弄他，更不知道自己哪裡做得不好。偶爾看著牆上的格言「事在人為」，頻頻生出一種無力感。

老李雖然還不到 40 歲，卻自嘲「倒楣」就像「開了掛」。上小學時，成績不錯，排名年級前 20，可是升初中時考試失常，只考上省城一所普通初中；上了初中，成績也還可以，結果中考又失誤，上了吊車尾的重點高中；升上高中時，也算勤奮努力，應該可以考上一所名牌大學，可是高考時再度發揮失常，只考上一所普通大學。讀大學期間，省吃儉用，好不容易存到錢買了一輛電動車，第二天上路就摔了一跤，在床上躺了一週，傷還沒好，車就被偷了。畢業之後，進了一家待遇還不錯的公司，可是第一個專案因為自己的小疏忽失敗了，丟了工作。後來看見別人炒股，他也開始炒股，可是一買就跌，一賣就漲，行情好的時候，他反而在虧錢。之後工作了幾年，正準備買房，遇到朋友急需用錢，臨時借給對方 40 萬，結果朋友投資失敗跳樓了，錢也打了水漂兒。因為這件事妻子和他大吵一架，還差點離婚。

發生這麼多事情，老李痛苦了很長一段時間。偶然間，他遇到了一位朋友，朋友指點了他幾句，讓他覺得自己似乎想通了。後來，每當妻子勸他努力工作時，他總說「富貴終有命，那麼努

力幹什麼。」他認為一個人做什麼工作，是否有錢，職位高低，另一半是誰等，在出生時就決定了，再努力都沒用，只要按照命運的「劇本」演下去就行了。

「事在人為」還是「宿命論」

小王和老李，實際上代表了兩個極端的世界觀（見圖1-1）。

圖 1-1 兩種世界觀

總體而言，小王的世界觀是樂觀的，這可以從他掛在牆上的格言來概括，就是「事在人為」。

事在人為的解釋是「雖然人生無奈，但是我們透過自己的努力，一定可以得到想要的結果。」

而老李的世界觀是悲觀的，即相信「宿命論」。認同宿命論的人認為一切都是確定的，我們什麼都不需要做，一切冥冥中自有安排。

有這兩種世界觀的人不在少數。

然而，在我看來，這兩種世界觀都有問題。堅持「事在人為」的人，雖然樂觀而積極，但是容易因現實中的挫折與打擊而

產生無力感。就像小王開民宿被疫情影響一樣，似乎不是所有的事情都能靠努力改變。

而「宿命論」看起來也有問題：成功的人真的只是憑藉運氣好嗎？我們的努力似乎有時候也會給我們回報。一個放棄努力的人真的可以獲得自己想要的結果嗎？

我認為，正確的世界觀，應該在這兩者之間，我稱為「機率的世界觀」。

機率的世界觀

在機率的世界觀中，核心思想有兩個。第一，我們無法在事前保證很多事情的最終結果。第二，這個結果發生的機率，是我們可以靠努力改變的。

第一句話的意思是，絕大多數事情到底會不會發生或出現你想要的結果，在事前都是不確定的，沒有人知道。第二句話的意思是，雖然我們不能在事前確定結果，但是人的努力可以改變結果發生的機率。

舉個例子。一位農民無法保證自己今年這塊地的收成一定很好，因為有時候惡劣天氣、病蟲害可能會摧毀他一年的努力。這就是在事前不能夠保證事情的結果。但是，如果他努力、認真地耕作，做好防護措施，就可以大大提高收成好的機率。

　　如果一位懶惰的農民有好收成的機率是 10%，一位勤勞、努力的農民就可以把這個機率提高到 90%。這就是說，雖然不能在事前確定結果，但是我們可以改變結果發生的機率。

　　對於一個參加高考的學生而言，即使他平常非常努力，模擬考試的成績也很好，但在高考成績公布之前，誰也不能保證他一定能考上一所好大學。因為其中有些重要的因素，例如考題的難度、臨場發揮的情況等，都是他不能控制的。但是，如果他在平時努力、認真地做好準備，那麼最後考出好成績的機率，肯定比一個平時不學習的人要高得多。

　　在某次火箭發射前，誰都不能保證這次發射一定能成功。但是如果相關工程人員能夠按照流程做到一絲不苟，不放過任何一個小問題，那麼這次發射成功的機率，就會比沒有嚴格按規範流程做的那次高得多。

　　機率的世界觀和我們熟知的**「謀事在人，成事在天」**有相通之處。但是有了機率這項工具，我們對於這句話就有了更清晰的理解：「謀事在人」指的是**透過努力，可以提高成功的機率**；而「成事在天」，則是指**既然以機率作為衡量標準，那麼即使我們做得再好，也不能保證成功。**

　　如果我們用機率來看之前提到的兩種世界觀，「事在人為」和「宿命論」的問題，就可以看得更清楚。

　　「事在人為」相信什麼事情只要努力就一定能成功，這是不

符合事實的。即使天時、地利、人和，也不保證能成功。

　　「宿命論」認為什麼事情都不用做，因為老天都安排好了。這種想法也有很大的問題。雖然努力不能保證一定成功，但可以提高成功的機率。一個人躺著什麼都不做，也可能成為百萬富翁，但是這種事件發生的機率會低到連他自己都不相信。

　　或許有人會問，如果我已經盡力提高這個機率，但是仍然失敗了怎麼辦？面對這種情況，你可以有兩種選擇：第一種，找到失敗的原因，如果可以改進就改進，以提高下一次成功的機率（注意是「提高機率」，並不保證下一次一定行）；第二種，如果發現失敗的原因無法控制，就坦然接受這次失敗。

　　如果你是研究生，你可能會把自己最近的工作寫成一篇論文向一個優質的學會投稿。在錄取通知出來前，誰也無法確定你的論文是否會被錄取，因為有很多因素是你無法控制的，例如審稿人是否理解並欣賞論文的核心貢獻，或是他看你的論文時的心情，以及他同時評審的其他論文的水準等。回溯過去，有很多最後產生了深遠意義的論文，在第一次投稿時都被審稿人批評，甚至直接拒絕。

　　但是，如果你這篇論文的核心貢獻足夠大，立意新穎，實驗結果很好，文章表述清晰，那麼這篇論文被錄取的機率就會很高（例如有 90% 的機率被學會錄取）。但是請記住，這仍然是一個機率，而不是一個確定的結果。

如果你的運氣不好，這篇論文被拒絕了，請不要悲傷，你要做的應該是看一下審稿人的意見。如果某些意見是對的，那麼你應該針對這些意見進行修改，提高下一次被錄取的機率；如果經過分析你認為這些審稿人的意見並不客觀，那麼你應該直接把這篇文章投向另外一個學會。

前幾年有一部科幻電影，主角在戰場上作為一個新手，偶然獲得了反覆穿越到過去的能力，就是他一旦被敵方的機器大軍殺死會穿越回到開戰前。他在戰場上為了救出一位代表人類希望的女神，把反覆穿越的優勢用到極致：不僅會在每次失敗後總結教訓，提高下一次成功的機率，而且會反覆穿越，直到成功為止。

從機率來看，重複的力量是巨大的。假設他每次穿越回去救出女神的機率都是穩定的 10%（九死一生），那麼從機率來看，穿越回去幾十次後，終有一次成功的機率會提升到相當高的程度。

如果我們已經無法改變事情發生的機率，那麼我們要做的就是什麼也不做。例如，高考時每考完一科，你應該忘掉這一科而專心準備下一科考試，因為無論你做什麼，都不能改變這一科的考試成績。在博士論文答辯結束後，口試委員讓你在外面等結論時，你應該靜靜地享受一杯咖啡，因為現在做什麼都無法影響結果。總之，遇見無法改變機率的情況下，只要等待結果就好，在那一刻你可以默默地對自己說一句：一切都是最好的安排。

─────── 總結 ───────

　　這一章我們談了三種世界觀：「事在人為」「宿命論」和「機率」。

　　「事在人為」認為「雖然人生無奈，但是我們透過自己的努力，一定可以得到想要的結果」。這種觀點過於理想化，過於強調人的主觀能動性而忽略了不可控、隨機的因素，往往會被現實中的挫折打擊。

　　「宿命論」認為一切都是確定的，我們什麼都不需要做，冥冥中一切自有安排。這種觀點過於悲觀，並且完全忽視人的主觀能動性，也不符合實際情況。

　　「機率」的世界觀則告訴我們兩點：第一，很多事情的最終結果在事前只是一個機率，我們不能保證最後的結果，這一點是和「事在人為」的最大區別。第二，雖然不能保證事情最後的結果，但是我們可以改變導致這一結果的機率，這一點是和「宿命論」最大的區別。

　　這就是使用機率的世界觀的人持有的人生態度：**平靜接受現實，努力改變機率。**

—— 第 2 章 ——

股票什麼時候漲，什麼時候跌？
── 不要低估「預測」

　　在生活中，我們經常會聽見很多人向我們傳達各種理論。例如股票漲跌的理論，成功學的理論等。那麼，這些理論中到底哪些是對的，哪些是錯？怎樣的理論是一個好的理論？

　　對此本章將給出一個終極標準。先來分享「穀神星的發現」這一故事。

穀神星的發現

　　1801 年年初，天文學家朱塞普・皮亞齊（Giuseppe Piazzi）發現了一顆不在星表上的星星，後將其命名爲穀神星。皮亞齊追蹤了這顆星星 40 天，並且記錄了相關的資料。可是之後由於地球的軌道運行，穀神星消失在太陽耀眼的背景炫光中。雖然再過幾個月，穀神星脫離了太陽背景炫光，應該就可以被重新觀測到。但是我們想知道的是穀神星的軌跡，而 40 天的觀測資料太

少，而且當時的數學工具還無法根據這些資料準確計算或預測出
穀神星的軌道。

　　19 世紀初，要計算太陽系內的某顆行星繞太陽運動的軌道還
是一個難題。因為我們是在地球上進行觀測的，在行星運轉的同
時，觀測點地球也在運轉。並且地球和行星的運行軌道不在一個
平面上，這一點我們可以從圖 2-1 中看出。圖中有行星繞太陽運
行的橢圓形軌道和地球繞太陽運行的橢圓形軌道，二者的形狀、
大小都不一樣，也不在一個平面上。天文學家觀測到的、可以用
於估計圖中行星運行軌道的資訊，只包括每次觀測時地球的位置
和當時從地球到行星的觀測角度。

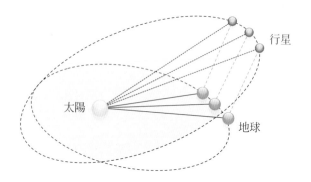

圖 2-1 太陽系中地球和行星的運行軌道

　　當時唯一能比較精準地計算出運行軌道的行星是天王星，然
而，這有一定的偶然因素。首先，天文學家對天王星做了非常多
的觀測，有豐富的觀測資料。其次，天文學家在估計天王星運行

軌道時，為了方便計算，做了一個「天王星運行軌道呈圓形」的假設。雖然我們現在知道這個假設對於一般的行星不成立（行星的運行軌道通常呈橢圓形），但天王星的運行軌道恰好很接近圓形。

但穀神星的運行軌道是一個形狀未知的橢圓，計算橢圓的形狀需要大量的觀測資料。在當時，幾位著名的數學家，包括歐拉（Leonhard Euler，歐拉公式的發現者）、朗伯（Johann Heinrich Lambert，朗伯－比爾定律的發現者）、拉格朗日（Joseph-Louis Lagrange，拉格朗日乘子法和均值定理的發明者），以及拉普拉斯（Pierre-Simon Laplace，拉普拉斯定理和拉普拉斯變換的發明者），都沒有找到從一系列短期觀測資料中確定行星軌道的方法。拉普拉斯甚至認為，這個問題本身就是不可解決的。

這時，高斯（Carl Friedrich Gauss）出現了。高斯當時只有24歲，雖然年輕，但他研究包括月球的運行等與天體運行相關的問題已經有很多年了。他18歲在計算天體運行軌道時，就發明了最小平方估計這一方法。高斯拿到皮亞齊的觀測資料後，立刻開始計算穀神星的運行軌道。在計算軌道時，高斯除了借助最小平方估計來消除觀測誤差，還發明了一系列方法來提高對行星運行軌道的估計精度。

很有意思的是，高斯在計算完成後，在11月底把他預測穀神星運行軌道的結果發給了他的一個朋友，匈牙利天文學家馮‧

扎克（Franz Xaver von Zach）。馮‧扎克收集了高斯、他自己和其他人的預測結果，並把這些結果發表在 1801 年 12 月初的一本天文學刊物上。值得一提的是，高斯的預測結果和其他人的有很大不同。

然而，如同真理掌握在少數人的手裡那般，只有高斯準確預測出穀神星的位置：在 1801 年 12 月 31 日，穀神星消失在人們視線中一年後，馮‧扎克在高斯預測的位置附近重新找到了穀神星！兩天之後，天文學家歐伯斯（Heinrich Olbers）也根據高斯的預測結果發現了穀神星。

這個成就讓當時年僅 24 歲的高斯在歐洲天文學界一下子聲名鵲起。高斯在 1809 年將最小平方法估計式發表在被後世奉為圭臬的巨著《天體運動論》中。

故事說完了，我們的問題是：為什麼高斯當時能夠一下子征服歐洲天文界？

答案很簡單：因為高斯在穀神星再次被人們觀測到之前，成功地「**預測**」出穀神星的位置。

句中的關鍵字是「預測」，我們不妨假設以下場景。一個人在穀神星重新被觀測到之後告訴大家：「我有一個理論，這個理論可以很好地解釋為什麼穀神星會再次出現在這裡。」可以想像的是，他的這個理論一文不值。

簡單來說，「**預測**」比「**解釋**」重要得多，**也難得多**。

什麼是一個好的學習模型？

我們先來看下面這張圖。這張圖統計了某公司過去幾年的利潤情況。圖上有 6 個點，每個點都分別對應一年的利潤（見圖2-2）。

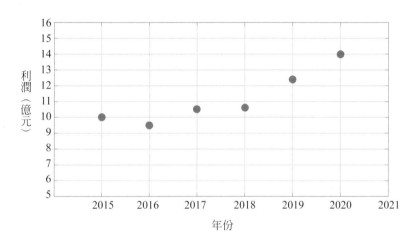

圖 2-2 某公司過去幾年的利潤

我們能夠看到這家公司的利潤變化趨勢：前 4 年保持穩定，後 2 年開始有所成長。

現在，如果我們想要根據這 6 個點預測這家公司未來兩年的利潤，應該怎麼辦呢？你需要根據現有的這 6 個點畫出一條曲線，然後再把這條曲線按照過去的趨勢延伸到後幾年。有一個專業的詞彙用於形容找到這條曲線的過程，叫作「曲線擬合」。

曲線擬合通常分為兩步：首先確定曲線的基本形式，然後找到該形式下的最優參數。我們通常可以自己選擇曲線的形式，而最常用的莫過於多項式。對於上面這個例子，如果我們假設時間為 t，而利潤 y 是時間 t 的函數，那麼一次多項式的形式為：

$$y=a+bt \qquad (2.1)$$

即假設利潤和時間的一次方有關，這裡 a, b, 都是待定的係數。不難看出，一次多項式就是一條直線，而參數 a, b, 則決定了直線的斜率和截距。

確定了這個形式後，我們就需要找到最優的係數。這些係數應該要讓已有數據點和這條曲線盡可能接近。我們在這裡不詳細介紹這個方法，但是該方法的核心，就是我們在上一節中提到的高斯發明的最小平方法。

機器學習領域的科學家把這條曲線對已有數據點的接近能力稱為曲線對資料的解釋能力。一條曲線和已有數據點越接近，這條曲線對這些點的解釋能力就越強。

在給定一次多項式的前提下，我們可以找到一組最優的 a, b, 而這一組 a, b, 對應的一次多項式的解釋能力最強。圖 2-3 顯示了我們用最小平方估計得到的最優係數所對應的直線。

我們可以看出，雖然這條直線大致反映了利潤變化趨勢，但是這些已有數據點並沒有都和這條直線重疊，有些點與直線的差

距還比較大。這條直線「解釋」已有數據點的能力並不算太強。

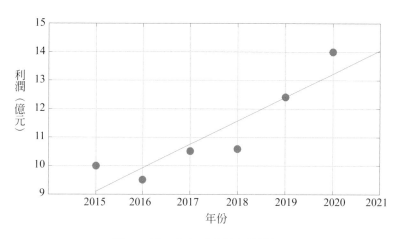

圖 2-3 用一次多項式擬合的情況

　　我們來看看如果我們選擇二次多項式來擬合這些點會發生什麼。在這個例子中，二次多項式反映的利潤不僅和時間有關，也和時間的平方有關：

$$y=a+bt+ct^2 \qquad (2.2)$$

　　同樣，我們可以用最小平方估計，確定一組最優的係數 a, b, c, 讓這個二次多項式對應的曲線和已有數據點最接近（見圖 2-4）。

　　透過觀察可以發現，已有數據點都比較接近這條曲線。而且很有意思的是，這條曲線還反映了企業最近幾年業績加速成長的

趨勢。和之前的那條直線相比，整體上，如圖 2-4 中的這條曲線更好地反映了已有數據點。

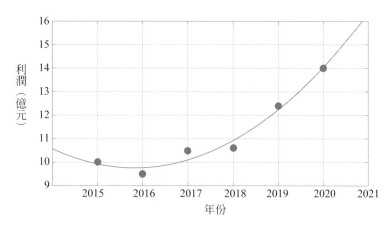

圖 2-4 用二次多項式擬合的情況

　　也就是說，對於已有數據點，二次多項式對應的曲線比一次多項式對應的直線解釋能力更強。這很容易理解，因為次數越高，待定的參數越多，線的靈活性越強，越可以更好地接近已有數據點。

　　如果再仔細看一下圖 2-4，你會發現仍然有一些點不在這條曲線上。要想讓這 6 個點都在這條曲線上，我們需要五次多項式（見圖 2-5）。

　　圖 2-5 上的這條曲線經過了每一個已有數據點，這是之前的直線和曲線都做不到的。也就是說，這條曲線的解釋能力比之前

兩條線更強，它達到了一個極致，能夠完美地解釋所有已有數據點。從解釋能力上來看，五次多項式肯定是最好的，但它一定是最好的模型嗎？

肯定不是。

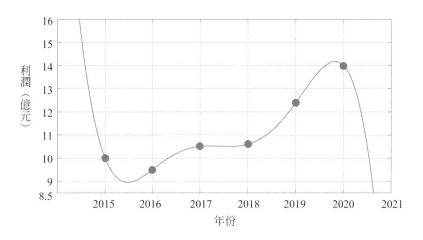

圖 2-5 用五次多項式擬合的情況

這個模型的意義在於預測這個公司之後幾年的利潤。如果用這個五次多項式進行計算，我們可以發現，這個公司之後幾年的利潤會急劇下降，這顯然預測得不夠合理。

為什麼會出現這一現象？機器學習中的「過度擬合」一詞可以解釋。過度擬合，是指這個模型可以很好地解釋已有的數據，但是對沒見過的數據預測得很差。

為什麼會出現這一現象？這是因為所有已有數據點都會受各

種小的雜訊影響。一條曲線如果精準地擬合了這些數據，實際上也擬合了這些雜訊。**擬合雜訊會讓這條曲線無法抓住底層真實的數據趨勢。**

我們很容易發現，想使一條曲線具有好的解釋能力其實很容易：在使用最小平方估計的前提下，提高曲線對應多項式方程的次數。次數越高，解釋能力就越強。高階曲線具有更強的靈活性，可以更好地接近已有數據點。

但是，想使一條曲線具有好的預測能力不是一件簡單的事。我們需要控制多項式方程的次數，不能過高，否則會擬合雜訊；也不能過低，否則對應曲線和已有數據點的差距會過大。

無論如何，一個模型對未知數據的預測能力是判斷其好壞的唯一標準。

電腦科學家想了各種辦法來判斷何時會出現過度擬合，以及怎麼避免過度擬合。例如，在選擇模型時，刻意控制模型的複雜度，在上文例子中表現為控制多項式方程的次數。此外，人們永遠會把用來訓練模型的數據（訓練資料）和測試模型好壞的數據（測試資料）分開。也就是說，用來測試模型好壞的數據，永遠是該模型未處理過的數據。這些數據對於該模型而言就是「預測數據的真實值」。

總結一下，在機器學習裡，一個模型對未知數據的預測能力是判斷其好壞的唯一標準。我們很容易透過一些方法（例如最小

平方估計）找到一個完美解釋已有數據的模型。但是要找到一個能夠很好地預測新數據的模型，則困難得多。

────── 總結 ──────

　　現在，我們應該可以回答「怎樣的理論是一個好的理論」這一問題了。

　　想判斷一個理論的好壞，關鍵要看它對未知事物的預測能力，而不是對已知事物的解釋能力。每個人都可以找出很多理論來「解釋」已知，但是只有正確的理論，才能準確「預測」未知。

　　英國近代經驗主義哲學家培根（Francis Bacon），即說出那句「知識就是力量」的人，曾經把「科學方法」總結為以下五步：

・觀察

・提出理論假設

・用這個理論假設做出一個預測

・用實驗來驗證預測是否成真

・分析你得到的結果

　　如果結果符合你的預測，你的理論就有可能是對的；如果不符合，你就需要修正假設。看到了嗎？科學方法強調的也是「預

測」。我們可以用這一標準來檢驗生活中的各種理論。

例如，大家總能聽到一些證券分析師用他們自己總結出的各式各樣的理論解釋某檔股票為什麼會漲，為什麼會跌。但是現在我們都知道，這些都是「解釋」。解釋一個已經發生的事情很容易。例如，我們可以為今天某檔股票大跌找到很多理由，包括受某個相關行業的影響，財報不如預期等。解釋很容易，但作用不大。你如果想判斷某位證券分析師的準確率，就只需要在一段時間內用他的理論預測股市。如果股市變化遵從他的理論，證明他是真的有實力。很可惜的是，絕大部分證券分析師都沒有這麼高的水準。不過在現實中，也很少有人認真統計這些證券分析師曾做過的預測。

此外，在成功學領域也是如此。市面上有很多關於成功學的書，書的作者通常根據世界上各個成功人士的經歷，從各自的角度總結出一套成功法則。因為這些成功法則本來就是從這些成功人士的身上總結出來的，所以可以很好地「解釋」這些人為什麼能成功。但是真正有用的成功學，應該能在很多人真正成功的前幾年，準確預測到這些人可以成功。這樣的成功學才是站得住腳的理論，也更有價值。

總之，**「解釋」價值不高又很容易；「預測」很珍貴，但又真的很難。**

第 3 章
三個臭皮匠，未必勝過諸葛亮
── 多樣性紅利

常言道：三個臭皮匠，勝過諸葛亮。本章我們站在方程組的角度來探討這句話是否有道理。

多樣性帶來的紅利

哥倫比亞商學院的凱薩琳・菲力浦斯（Katherine Phillips）教授開展過這樣一項研究：安排多個小組去解開一系列謀殺案之謎，且各小組都會收到大量複雜的材料，包括不在場證明、證人證詞、嫌疑人名單等。

菲力浦斯的這項研究主要考察團隊構成對推斷準確率的影響，因此她設計了三種團隊構成方式。第一種方式是由個人單獨調查。第二種方式是由幾個背景相似、志趣相投的好朋友組成小組共同調查。第三種方式則是由幾個朋友與陌生人組成小組來調查，並且陌生人和小組中其他人所處的社會環境、背景都不同。

　　那麼，哪種方式構成的團隊更有成效呢？答案是第三種：幾個朋友與陌生人組成的小組。這種團隊在 75% 的案件中都找到了謎底。相比之下，由好朋友構成的團隊的推斷準確率只有 54%，單獨調查的個人的推斷準確率只有 44%。

　　多人構成的團隊比單人的團隊更有成效，這一點大家都能理解，因為人多可以想得更周全。這也是「三個臭皮匠，勝過諸葛亮」的原因。

　　但為什麼有陌生人的團隊，會比全由朋友組成的團隊更好、更有成效呢？菲力浦斯帶領研究者仔細觀察了兩種團隊執行任務的方式。全由朋友組成的團隊在討論問題時非常愉快，這些人的視角、觀點很接近，因此大部分時間都在互相認同；但是他們最後綜合各方意見得出的很多結論是錯誤的。而加入了陌生人的團隊則不同。陌生人和小組中其他人所處的環境不同，有著不同的感知視角。因此小組的集體討論中充滿了爭論和分歧。然而，這個團隊最後對外公布的結論往往是正確的。

　　這就是多樣性帶來的紅利。

　　多樣性已經是一個公認的優勢。比如醫生在遇到一個棘手的醫療問題時，採用的方案往往是請多名有經驗的醫生參加會診。這些醫生來自不同科別，具有不同的背景、經驗和視角，他們討論出來的結果，往往最接近真相。

　　裴吉（Scott E. Page）在他的著作《多樣性紅利》（*the*

Difference）中，就提到了很多這樣的例子。例如，你要解決一個公共政策問題，而你的團隊裡已經有三位頂級的統計學家，那麼你現在不需要再增加一位統計學家，而是需要一位經濟學家或社會學家。如果你是一名網球運動員，那麼與其請三位網球教練，還不如請一位網球教練、一位健身教練和一位營養師。

這樣做是因為，任何人都可能會有認知盲點，而站在不同角度的人在一起討論後達成的共識，往往最接近真相。

這就是所謂的多樣性紅利。

接下來，我們站在方程組的角度來思考多樣性紅利。要想從這個角度理解多樣性紅利，首先要理解方程組的本質。

方程組的多角度視野

我們從一個廣為人知的雞兔同籠問題開始，介紹方程組的概念。該問題最早出現在《孫子算經》中：「今有雉、兔同籠，上有三十五頭，下有九十四足。問雉、兔各幾何？」

這個問題有很多種解法，但是方程組（代數解法）無疑是最直接、最有效的。假設雞和兔子的數量分別為 x_1 和 x_2，可列方程組：

$$\begin{cases} x_1 + x_2 = 35 \\ 2x_1 + 4x_2 = 94 \end{cases}$$

　　然後直接可以解出方程組的解為 $x_1=23$，$x_2=12$。也就是說，有 23 隻雞，12 隻兔子。

　　雖然我們很早就熟練使用方程組，也會用它解決一些實際問題，但卻很少有人仔細思考方程組的本質到底是什麼。在我看來，方程組的本質如下：

　　現在有一個或多個事物，我們無法直接了解這些事物的內在本質，只能從一些角度來觀察這些事物的外在表象。**這裡的內在本質，是方程組中的未知數；而外在表象，就是方程組中等式右邊的這些數值。**

　　從各個角度進行觀察，我們都可以得到相應的內在本質和外在表象的關係，得到相應方程式。**一個方程式，就是從一個角度觀察得到的結果。如果我們從多個角度進行觀察，就會得到方程組。接下來解方程組的過程，就是結合多個角度的觀察結果，找到內在本質的過程。**

　　以雞兔同籠為例，若想知道雞和兔子的數量。第一個方程式提供了從「頭」的角度得出的結論：雞兔共有 35 顆頭。第二個方程式提供了從「腳」的角度得出的結論：雞兔共有 94 隻腳。方程組讓我們結合這兩個角度，透過解方程式了解背後的真相（雞和兔子的數量）。

　　我們可以把方程組更具象地表示出來。以雞兔同籠為例，滿足第一個方程式 $x_1+x_2=35$ 的所有點（x_1, x_2），都位於 x_1+x_2 平

面中的一條直線上。這條直線上的所有點的橫坐標 x_1 和縱坐標 x_2 的和都是 35。同樣，滿足第二個方程式 $2x_1+4x_2=94$ 的所有點也都在該平面上的另一條直線上。如果我們用圖形表示（見圖 3-1），其中的直線 L_1 代表第一個方程式，直線 L_2 代表第二個方程式。而兩條直線的交點，就是這個方程組的解。

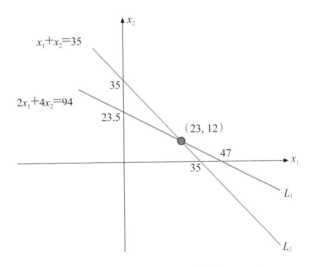

圖 3-1 雞兔同籠的方程組

　　用每條直線來代表方程組中的每個方程式，用多條直線的交點來代表方程組的解，可以幫助我們更深刻地理解方程組的本質：**每條直線都代表一個觀察的角度，而直線的交點就是站在多個角度進行觀察後達成的共識。**

　　很顯然，我們總是希望站在多個角度進行觀察後達成的共

識，能無限接近問題背後的眞相。

　　表面上看，解方程式可以很完美地解決雞兔同籠這類問題：只要針對問題列出多個方程式，那麼透過解方程式就可以很好地找到問題背後的眞相。然而，實際情況沒那麼簡單，我們來舉個例子。

對雜訊敏感的病態方程組

　　某位店主在網路商店賣氣球。有位買家選擇了兩種顏色相同、大小略有不同的氣球，各買了 100 顆。店主從倉庫裡將這兩種氣球各拿出 100 顆（沒充氣），可是他在發貨前不小心把這些氣球混在一起了。

　　店主讓助理在發貨之前再確認一下兩種氣球是否各爲 100 顆，這時候助理開始發愁了。這兩種氣球看起來差不多，一顆一顆數效率太低，於是靈機一動，想到了下面這個方法。

　　他將這兩種氣球各拿出一顆，找一個精密的秤分別秤出氣球的重量。氣球 A 的重量是 2.05g。氣球 B 的重量是 2g。他快速數完混在一起的氣球的數量，確認一共是 200 顆，又把這些氣球放在一起秤重，發現重量爲 405g。

　　很快地，他運用了方程組的想法來解決問題。

　　首先，他假設氣球 A 和氣球 B 的數量分別爲 x_1 和 x_2，並列出如下方程組：

$$\begin{cases} x_1 + x_2 = 200 \\ 2.05x_1 + 2x_2 = 405 \end{cases}$$

計算後發現，$x_1 = x_2 = 100$，即每種氣球正好 100 顆。助理很得意，這看起來是用數學解決生活問題的完美範例。

然而，需要注意的是，在理想情況下這樣做確實沒問題，但是在實際情況中，這樣做蘊含一個大風險。

如果助理用來秤重的秤出現了一點點誤差，最後秤重結果不是 405g，而是 406g。那麼根據方程組：

$$\begin{cases} x_1 + x_2 = 200 \\ 2.05x_1 + 2x_2 = 406 \end{cases}$$

他得到的結果就是 $x_1 = 120$，$x_2 = 80$。只是 1g 的重量誤差，就讓結果如此不同。

又比如，如果助理開始時所秤的那顆氣球 A 的樣本與標準的氣球 A 相比偏輕，不是 2.05g，而是 2.04g，那麼根據該方程組：

$$\begin{cases} x_1 + x_2 = 200 \\ 2.04x_1 + 2x_2 = 405 \end{cases}$$

他得到的結果就是 $x_1 = 125$，$x_2 = 75$，同樣與真實的 $x_1 = 100$，$x_2 = 100$ 相差甚遠。也就是說，僅 0.01g 的誤差，會讓最後的結果產生巨大的差異。

以上的這兩種情況絕不是一件好事，因為誤差在實際情況中幾乎永遠無法消除。很小的誤差會對結果造成很大的影響，這就

是所謂的「失之毫釐，差之千里」。

這些秤重帶來的誤差，都可以被稱爲「雜訊」。在氣球的例子中，方程組中的一點點雜訊會讓最後的解產生巨大的誤差，這種情況被稱爲「對雜訊極爲敏感」。數學家們將這類對雜訊極爲敏感的方程組稱爲「**病態方程組**」。

病態方程組對雜訊、初値等特別敏感，數據稍微改變一點，輸出的結果就會發生很大的變化。對這種情況，大家更熟知的幾個詞語可能是「蝴蝶效應」「混沌效應」等。

並非所有的方程組都有這個問題。計算雞兔同籠的方程組就不存在這個問題。例如，數腳時多數了兩隻，那麼方程組則爲：

$$\begin{cases} x_1+x_2=35 \\ 2x_1+4x_2=96 \end{cases}$$

我們可以得到 $x_1=24$，$x_2=13$。這個估計雖然不完全正確，但是和眞實的估計 $x_1=23$，$x_2=12$ 非常接近，在實際應用中這種不同並不會產生太大的影響。

那麼，產生病態方程組的原因是什麼？數學家早已找到癥結，其和不同方程式中自變數係數所構成的向量的夾角有關。爲此，數學家定義了一個條件數（condition number）來描述病態方程組的「病態程度」。想得到條件數，可以先將方程組的係數寫成矩陣，然後對該矩陣做奇異値分解，奇異値分解的結果就是可以求出的條件數。條件數越大，就說明這個方程組的病態程度

越強，對雜訊越敏感。這種解釋精確而嚴格，但對於沒有線性代數基礎的人來說很難理解。

這裡給出一個關於病態方程組的直觀圖像化解釋（見圖3-2）。方程組中的每一個方程式都對應一條直線，方程組的解就是各個方程式對應的直線交點。氣球的例子對應的方程組為：

$$\begin{cases} x_1 + x_2 = 200 \\ 2.05x_1 + 2x_2 = 405 \end{cases}$$

我們可以看出，這兩條直線的斜率非常接近（即直線形成的夾角很小）。不難理解，在這種情況下，**某條直線的斜率或截距只是稍微變化一點，直線交點的位置也會有很大變化。**

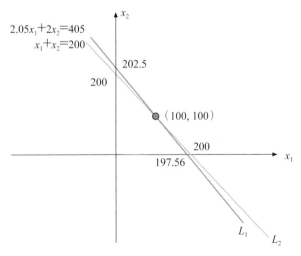

圖 3-2 氣球的方程組

這就是這個方程組對雜訊敏感的原因。

如果對比上文中雞兔同籠的例子，我們會發現在雞兔同籠的例子中，方程組對應的兩條直線所形成的夾角較大，即使某條直線變化一點，直線交點的位置也不會發生很大的變化，因此這個方程組對雜訊也就不那麼敏感。

所以簡單地說，**病態方程組中對應直線形成的夾角很小**。這些直線交點的位置極易因某條直線的細微變化而產生極大變化。

所有直線的交點，就是共識

透過病態方程組，我們可以更好地看清為什麼多樣性如此重要。如果多個人想透過交流的方式達成共識，了解某件事背後的真相，那麼這些人最好站在不同角度。針對同一件事情，每個人都站在各自的角度進行觀察，這相當於每個人都以自己的方式畫了一條直線，而所有直線的交點，就是共識。

要想讓這個共識能夠接近事情的真相，這些直線形成的夾角就不能太小。也就是說，這些人的觀察角度要有較大的差別，**站在有較大差別的角度進行觀察後得出的共識，才有意義**。

這是對多樣性紅利的數學解釋。

總結

　　本章我們從方程組的角度解釋了多樣性紅利。

　　方程組裡的每個方程式，都從某個特定的角度來看待一些事物的內在本質。而方程組的解，就是結合多個角度的觀察結果達成的共識。

　　我們知道，如果方程組中每個方程式對應的直線斜率過於相似，那麼這個方程組就是一個「病態方程組」。病態方程組很不穩定，它的解極易受雜訊影響。

　　同樣的，如果想透過多人達成共識的方式來掌握問題背後的真相，那麼這些人看問題的角度需要有較大的差別。否則，也會出現病態方程組問題，得到的答案也會不夠準確。

　　從這個角度來說，我們可能需要對「三個臭皮匠，勝過諸葛亮」進行修改。三個臭皮匠要想勝過諸葛亮，他們三個具備的特長和看問題的角度最好也都不同。如果這三個人看問題的角度很接近，恐怕就不如一個諸葛亮。

第4章
頻繁的小確幸與偶爾的大幸福
—— 摺積

小確幸和大幸福

在現實生活中，我們經常聽到一個詞叫作「小確幸」。小確幸這個詞源於村上春樹的散文集，是指生活中經常發生的「微小但確切的幸福」。村上春樹在文章中提及，當他把洗滌過的潔淨內衣捲好、整齊地放進抽屜時，他就感覺到了小確幸。

生活中有很多這樣的小確幸：你一按電梯，電梯門就開了，並且正好一位朋友從電梯裡出來；你開車時，你所處的那條車道最順暢；你走在路邊，突然發現路旁的樹已經冒出綠芽；想媽媽了，剛要給她打電話，她的電話就打了過來；突然發現自己放在購物車裡很久沒捨得買的化妝品降價了；運動後洗完澡，躺在沙發上感覺自己渾身毛孔都打開了……

這些小確幸就是生活中小小的幸運與快樂，只要你仔細觀察、體會，永遠都能發現它們。

與小確幸對應的是所謂的「大幸福」。這些大幸福包括通過

各項重要的考試（指考、學測、研究所考試等）、買彩券中獎、
通過博士論文答辯、升職加薪、結婚生子等。正所謂人生有四
喜：「久旱逢甘霖，他鄉遇故知，洞房花燭夜，金榜題名時。」
這些都是大幸福。從頻率上來說，「大幸福」在一段時間內的發
生次數肯定比「小確幸」少得多，但帶來的愉悅感也肯定比「小
確幸」更大。問題是，**偶爾的大幸福和頻繁的小確幸，哪種更能
使我們感到幸福？**

要想科學地回答這個問題，就得理解名為「摺積」的概念。

對外界的輸入，進行輸出

摺積是控制系統、訊號處理領域的核心概念之一，現在比較
前沿的摺積神經網路中也用到了這一概念。

摺積是兩個訊號之間的一種特殊操作，它的數學定義看起來
很複雜。我們以最簡單的時間訊號為例，兩個時間訊號 $f(t)$ 和 g
(t) 經過摺積後，產生一個新的訊號 $y(t)$。$y(t)$ 的運算式如下：

$$y(t) = \int_{-\infty}^{\infty} f(\tau)g(t-\tau)\mathrm{d}\tau \qquad (4.1)$$

這個運算式看起來很複雜也很晦澀，如果我們從數學角度來
解釋，就是把一個函數「翻摺」，然後不斷「相乘和相加」，這
不太好理解。很多第一次學習摺積的人看到這個運算式，就會立

刻放棄理解這個概念。在此並不詳細介紹這個運算式，但會從實際的角度來介紹摺積。

　　摺積的目的是**刻畫一個系統對於外界輸入的反應**。系統是控制理論中的概念之一，簡單來說，系統接收輸入訊號 $f(t)$，然後產生輸出訊號（也被稱為系統對輸入的回應）$y(t)$（見圖 4-1）。

輸入 $\Longrightarrow$ 系統 $\Longrightarrow$ 輸出

圖 4-1 系統與輸入、輸出的關係

系統對外界輸入進行輸出，這個概念在生活中無處不在。

　　例如，身體不舒服時吃藥，所吃的「藥」是輸入，你的身體是系統，而身體變化就是「你的身體」這一系統對於「藥」的輸出。你走在路上時，不小心滑了一下扭傷腳，然後腳腫了。在這個例子中，系統是你的腳，「扭傷腳」是輸入，而你的腳腫了，就是腳這個系統對輸入的輸出。

　　背單字也是如此。在你背一個單字時，「背單字」這個動作就是一個輸入，你的大腦是系統，而這個單字在你大腦中的記憶程度就是你的大腦對於該輸入的輸出。

　　你走在路上，不小心撞到一個人，那個人罵了你一句，就是外界的輸入，而你那時的心情，就是你對於這個外界輸入的輸出。

　　我們可以發現，在上面的例子中，輸入都是某種與脈衝類似

的「刺激」。這種單次的刺激在控制系統中被稱為「脈衝函數」（impulse）。而系統受到脈衝函數作用後的輸出通常呈現這樣的模式：從零開始升高，到達最高點後慢慢下降至零。

比如，背單字的這項行為，相當於對你的大腦進行了一次脈衝輸入。你的大腦迅速開始記憶，並在短時間內留下深刻印象。但是這個印象會隨著時間的流逝而逐漸變淡，直到你把這個單字全忘了（見圖4-2）。

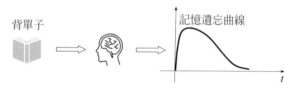

圖 4-2 單字在大腦中的記憶如何隨時間變化

圖 4-3 總結了上文例子中的模式：在脈衝函數 $f(t)$ 作用下，一個系統的輸出 $y(t)$ 從零開始升高，在某一時刻達到最高點，而後逐漸下降。這種模式也是現實中絕大部分系統對於外界刺激的回應模式。

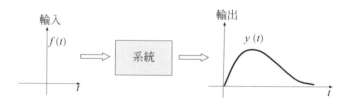

圖 4-3 系統回應脈衝函數的常見模式

現在的問題是，如果輸入並不是一次性的刺激，而會持續一段時間（見圖 4-4），那麼此時系統的輸出會是怎樣的呢？

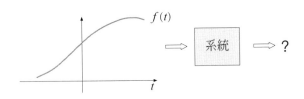

圖 4-4 持續輸入後的系統怎樣輸出？

答案其實很簡單：我們只需要把這個連續的輸入訊號，拆解成一系列不同高度、不同作用時間的脈衝序列（見圖 4-5），即一系列脈衝函數。

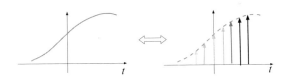

圖 4-5 將輸入拆解成一系列脈衝函數

當我們把一次連續輸入拆解成一系列脈衝序列後，我們只需要將系統在每個脈衝（脈衝函數）單獨作用下的輸出加在一起，就能得到系統對這個連續輸入的輸出（見圖 4-6）。

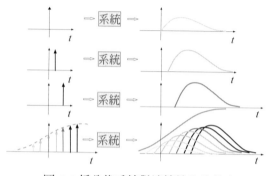

圖 4-6 拆分後系統對連續輸入的輸出

如果用數學公式表達上面這個過程，就是公式（4.1）中定義的摺積。公式中的 $g(t)$，是系統對於單位高度的脈衝函數的回應，又稱為脈衝響應（impulse response）。

摺積公式其實告訴了我們這樣的道理：系統對於一個脈衝序列的回應，就是其對單獨每個脈衝輸入回應的疊加。

用摺積解釋偶爾的大幸福和頻繁的小確幸

我們可以用摺積說明大幸福和小確幸對你的幸福感的影響。

當你遇見一件讓你開心的事情時（不管是大幸福或小確幸），這件事就是上一節中的脈衝函數，它作用在「你」這個系統上，會讓你產生幸福感。

但很明顯的，這種幸福感並不會持續很久，並且會以比你所

想像中更快的速度消退。

　　美國演化心理學家羅伯·賴特曾在他的作品《令人神往的靜坐開悟：普林斯頓大受歡迎的佛學與現代心理學》一書中，闡述了從生物進化的角度分析為什麼外界刺激所帶來的快感會迅速消退。

　　首先，我們努力做很多事情，包括進食、讓同伴欽佩、戰勝對手、找到伴侶等，這些行為有助於我們傳播自己的基因。進化讓大腦在實現這些目標時能產生快感，也正是在這些快感的驅使下，我們才會不斷追尋這些目標。

　　但是，演化心理學又告訴我們，這些快感不應該持續很久。畢竟如果快感不消退，我們就再也不用追尋目標。例如，如果進食帶來的飽腹感不會消退，那麼我們根本沒有動力再去找食物；如果努力成功一次後帶來的幸福感不會消退，那麼我們就會一直沉浸在這種幸福感裡，沒有動力去追求更高的目標。

　　因此，你遇見一件讓你感到幸福的事情時所產生的幸福感，會呈現上文提到的那種模式：從零開始升高，到達最高點後慢慢下降至零。

　　顯然，大幸福對應的脈衝函數比小確幸對應的脈衝函數高得多，因此大幸福帶給你的幸福感的最高點更高，並且持續的時間更長。圖 4-7 中顯示了一個小確幸和一個大幸福分別讓你產生的幸福感。

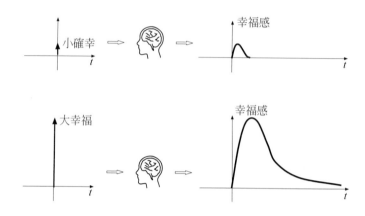

圖 4-7 小確幸和大幸福讓人產生的幸福感

　　單次的大幸福肯定比單次的小確幸更能讓你產生幸福感。大幸福畢竟很少見，一個人一生可能都沒幾次；而小確幸卻可能經常發生。來看一下頻繁發生的小確幸會讓你產生什麼樣的幸福感。

　　圖 4-8 顯示了一連串頻繁發生的小確幸會讓你產生的幸福感。從這張圖中可以看出，雖然每次的小確幸只產生一段很小的幸福感，但根據摺積公式，系統對於一系列輸入的輸出即是對單獨每個刺激回應的疊加。因為每個小確幸離得很近，相鄰的小確幸所產生的幸福感在疊加後，會讓整體的幸福感一直處於較高的水準。

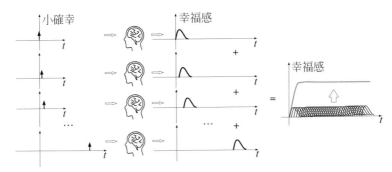

圖 4-8 一連串的小確幸帶來的幸福感

　　雖然大幸福每次產生的幸福感比小確幸高得多，但是這種幸福感維持的時間並不算長。更重要的是，因為間隔時間太久，所以你的幸福感僅在大幸福到來時很高，而在中間漫長的過程中，你的幸福感一直很低，這個過程見圖 4-9。

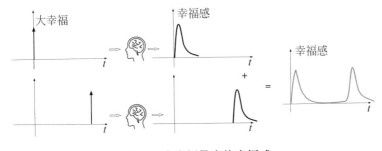

圖 4-9 大幸福帶來的幸福感

　　對比圖 4-8 和圖 4-9 可以清楚地看出：**頻繁的小確幸，能比偶爾的大幸福帶來更多幸福感**。這也可以解釋為什麼很多中了樂透的人或所謂拚命奮鬥後終於成功的人，在生活中其實並不感到

幸福，因爲他們已缺乏體會「小確幸」的感知力。

摺積思考在生活中的其他應用

摺積思考在生活中有其他應用。例如，一個在大城市市中心附近上班的年輕人在買房時，通常會面臨兩個痛苦的選擇：到底是買市區的小房子，還是買郊區的大房子？

這個問題也可以用摺積的思維分析。

如果他買了郊區的大房子，他會在剛住進去的一段時間內感受到「大幸福」。

但是有經驗的人會知道，只要房子不是太小，其實大小房子的居住體驗差別不大。即使是一間很大的房子，剛開始讓人感覺很新奇、舒服，它帶來的幸福感也會在住久後很快消退。

因爲大房子在郊區，所以他每天要花很長時間在公司和住家之間往返。這種痛苦雖然不大，卻是實實在在每天都要承受的，這些每天發生的「小痛苦」疊加起來，會讓他的幸福感非常低。

至於市區的小房子，雖然剛住進去會感到不習慣，但之後適應了，就不會覺得房子太小了。這只是一個持續期很短的「大痛苦」。

但隨之而來的，是每天他都可以省下大量的通勤時間。他不用起那麼早，有充足的睡眠時間，下班後也能有很多時間用來鍛

鍊、看書、做想做的事情。公司和住家近在咫尺，會讓他每天擁有更多的自由、便利，以及更多的小確幸。每天疊加起來，會讓他的幸福感一直處於較高的水準。

　　所以說，如果要選擇，應該買市區的小房子，而不是郊區的大房子。

　　背單字也是一樣。我記得背單字有一個訣竅：在忘記之前頻繁複習。這個方法蘊含的道理也可以用摺積來解釋。

　　背一次單字的效果會隨著時間慢慢消散，但是多次背單字的效果，就是在不同時間裡背單字效果的疊加。如果要記住一個單字，就必須使這個單字在你的大腦裡以「位於記憶有效區」的強度存在一定時間。有鑑於背一次單字的效果會在短時間內消散，我們必須在這一次的背誦效果下降得很厲害之前再次背誦，才會使總和的背誦效果位於記憶有效區，這點可從圖4-10中看清楚。

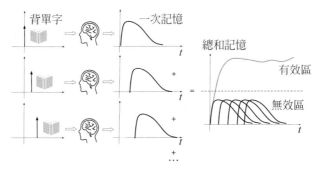

圖 4-10 多次背單字的效果

　　而如果兩次背單字的時間間隔太長，那麼效果就像圖 4-11 中顯示的曲線一樣，你大腦裡的某個單字，總進入不了記憶有效區，這個單字你永遠記不住。

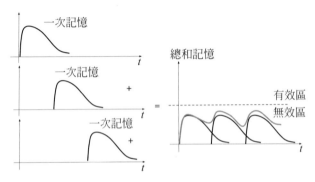

圖 4-11 兩次背單字的時間間隔太長，總和記憶情況一直不好

──────────── 總結 ────────────

　　本章介紹了一個控制系統、訊號處理領域的核心概念之一：摺積。

　　對於一個系統，給它一個輸入就會有輸出。如果輸入是某種類似脈衝的單次刺激，系統的輸出通常都是這種形態：從零開始升高，到達最高點後慢慢下降至零。

　　針對一個連續的輸入訊號，我們可以把這個輸入訊號拆成一個脈衝序列，然後這一個序列的脈衝可依次作為輸入作用在系統上。摺積告訴我們，系統對於一個脈衝序列的反應，就是對單獨每一個脈衝的反應的疊加。

　　摺積可以幫助我們在日常生活中做出選擇。例如頻繁出現的小確幸帶來的幸福感，會高於偶爾擁有的大幸福；在市中心附近工作的上班族應該買市區的小房子而不是郊區的大房子，背單字的時間間隔不能太長等。

第 5 章
像 CPU 一樣多工思考利與弊
—— 啟發式演算法

　　我們都知道所謂「金無足赤，人無完人」。它是說，世上沒有完美無缺的事物，也沒有完美的人，每個人都有一定的缺點和不足。類似的句子還有很多，例如「凡事有一利，必有一弊；凡事有一弊，必有一利」。

　　現實中，很多人對利弊的認識都停留在上文的層次。本章我想圍繞「利與弊」這個話題進行更深的分析。

　　我們先從電腦中的處理器說起。

從三種處理器看利弊

　　電腦都離不開處理器。從簡單的單晶片微電腦，到普通的手機、家用電腦，再到高速電腦，各種電腦中都有處理器，處理器可以對輸入的數據進行運算或操作。

　　大家最熟悉的處理器肯定是中央處理器（Central Processing

Unit, CPU）。CPU 是一塊規模超大的積體電路，在所有處理器中應用範圍最廣，功能最多。CPU 不僅負責對不同類型的數據進行各種計算，還負責處理指示、產生中斷、定時等。CPU 需要完成的任務相當繁雜，因此必須具備很強的通用性，它的內部結構自然也異常複雜了。

從這個角度來講，我們可以把 CPU 看成一個「多面手」或「萬金油」。接著我們再來看看另一種處理器，即圖形處理器（Graphics Processing Unit, GPU）。單從字面上就可以看出，GPU 主要應用於 2D 和 3D 的圖形處理。因為 GPU 需要完成的任務較為單一，所以它在設計上為圖形處理專門做了升級。例如，GPU 的算術邏輯單元（Arithmetic Logic Unit, ALU）在整個處理器中的數量和占比遠高於 CPU。這使 GPU 在浮點運算和平行運算方面擁有出色的性能，其圖形處理速度可以達到 CPU 的數十倍，成了電腦顯示卡的核心元件。

從這個角度來講，GPU 是為某個特定功能（圖形處理）定制的，雖然通用性不夠強，但是在這個特定功能上的效率卻被大大提高了。

最後，來看谷歌開發的張量處理器（Tensor Processing Unit, TPU）。

近十年來，以深度神經網路為代表的人工智慧得到了飛速發展。作為開發出戰勝李世乭的阿爾法圍棋（AlphaGo）的公司，

谷歌的圖像搜索、谷歌照片、谷歌翻譯等多種產品和服務，都高度依賴深度神經網路。雖然 CPU 和 GPU 皆可完成對深度神經網路的計算，但它們的效率仍然太低。為了進一步提高深度神經網路計算的效能，谷歌開發了 TPU 作為專為深度神經網路進行計算的處理器。

　　深度神經網路中計算量最大的部分通常是矩陣中的乘法。TPU 針對如何高效執行矩陣乘法進行大幅升級。例如，TPU 應用量化技術進行整數運算而非浮點運算，這大大減少了運算所需的記憶體容量和計算資源。此外，TPU 內設計了記憶體管理單元（Memory Management Unit, MMU），能將成千上萬個乘法器和加法器直接連接起來，在一個時鐘週期[1]內處理數十萬次矩陣運算。

　　TPU 與 CPU 和 GPU 相比，性能提升了 15~30 倍，效率則提升 30~80 倍。

　　注意，TPU 中專門為矩陣乘法運算進行的這些升級，並不適用於通用計算。

　　TPU 不能成為像 CPU 一樣的多面手，甚至不能像 GPU 一樣對圖形、圖像進行任意指令下的處理，只能對深度神經網路進行

———————————————

[1]處理器工作的基本時間單位。在一個時鐘週期內，CPU 僅完成一個基本動作。

計算。但正因爲它專注於深度神經網路的計算，所以它可以針對這個環境做大量且定制化的升級和設計，大幅提升完成相應任務的效率。

透過了解這三種處理器，你悟出了什麼道理？

在這三種處理器中，CPU 通用性最強，但是通用性強的代價是效率比較低。GPU 專門處理圖形，通用性較差，但是處理圖形的速度很快。TPU 只進行深度神經網路的計算，通用性最差，但是它在專且精的任務中效率最高。這直接印證了「凡事有一利，必有一弊；凡事有一弊，必有一利」。

這三種處理器各有各的最適合的應用環境，如果被用錯了地方，那麼它們的優勢可能會無法發揮，反而被放大劣勢。

例如，CPU 是一個多面手，可以完成計算、處理指示、產生中斷、定時等多項複雜的任務，因此它在通用電腦上最能發揮優勢。如果我們把 CPU 用在深度神經網路的計算上，那麼其優勢就無法發揮出來。

同樣的，如果我們把能夠高效處理深度神經網路計算的 TPU 用在經常出現的環境中，包括處理文件、處理軟體、執行銀行業務等，那也是把它用錯了地方。

這告訴我們，在大部分情況下，「利與弊」並不絕對；更準確地說，沒有利弊，只有特點。某個特點是利還是弊，要根據情況判斷：同樣一個特點，用在某種情況中是利，用在另一種情況

中可能就是弊。關於這一點，我再來講一個故事。

五石之瓠，大而無當？

這個故事來自《莊子·逍遙遊》，其簡述如下。

有一天，惠子跟莊子說：「魏王給了我一顆大葫蘆籽，我在家就種了一棚葫蘆，結果長出一個大葫蘆，看起來豐碩飽滿，有五石之大。可是因為這葫蘆太大了，所以它什麼用都沒有。如果用它去盛水，葫蘆皮太薄，盛上水一拿起來就碎了；把它劈成兩半，用它來盛什麼東西都不行。想來想去，葫蘆這個東西種了有什麼用呢？不就是最後為了當容器，劈成瓢裝點東西？結果我的葫蘆什麼都裝不了。」惠子進而說：「這葫蘆大得無用，所以我把它打破了。」

莊子說：「你真是不善於用大的東西啊！現在你有五石那麼大的葫蘆，為何不把它當作腰舟讓你浮游於江湖之中，反而愁你的葫蘆無處可用呢？」（「今子有五石之瓠，何不慮以為大樽，而浮乎江湖，而憂其瓠落無所容？」）

惠子認為，葫蘆只能用來裝水或做葫蘆瓢，因此這麼大的葫蘆一點用都沒有，只能打破丟掉。而在莊子眼裡，大葫蘆讓人可以「浮乎江湖」，自有其妙用。

這個故事告訴我們，一件事物乃至一個人都有其特點。因此

最關鍵的是找到能夠把特點變成長處的位置，讓長處得以發揮，這樣才能物盡其用，人盡其才。

關於利與弊，還有更深一層的理解，那就是主動用「可控的弊」，換取「更大的利」，來看一個例子。

NP 難題的解決方案

資訊科學中，有一類問題叫作非確定性的多項式時間難題（NP-hard problem，簡稱 NP 難題）。這裡的「難」不是指沒辦法解決，而是指找到這類問題最佳解所需的時間會隨著問題規模的擴大而急劇增加。

典型的 NP 難題是旅行推銷員問題。關於這個問題的描述非常的簡單：地圖上有若干個城市，每兩個城市之間的距離是已知的，現在讓你求出一條經過所有城市後回到出發點的最短路線。

這個問題非常重要，小到餐廳送餐，快遞員送貨；大到幾個城市之間工業運輸路線的規畫，背後都是旅行推銷員問題。數學家從理論上證明，要想找到最優路線，只能用暴力破解法（brute force），即把所有的路線都列舉出來，然後分別計算長度，最後找一條最短的路線。

用這種方法雖然可以保證找到最優路線，但演算法所需的時間會隨著節點（城市）數量的增加而急劇增加。

例如，7 個城市共有 720 種排列方式，列出 720 條路線並找到最短的路線看起來還不算太麻煩，但這只是針對 7 個城市。10 個城市的排列方式遽增至 362880 種。若有 26 個城市，排列方式就有 1.5×10^{25} 種，這已經遠遠超過科學家所估測、宇宙中所有恆星的數量。而在實際應用中，旅行推銷員問題所涉及的節點數量可能有成百上千個。

那麼面對這樣的問題，我們該如何解決呢？

對此，資訊科學家設計了很多啓發式演算法（heuristic algorithm）。簡單來說，這種演算法能幫助我們得到一個接近最佳解的解，其計算出解的速度也比正常計算最佳解的速度快得多。

針對旅行推銷員問題，有一個簡單的啓發式演算法，叫「最近鄰居法」：從任何一個城市開始，造訪的下一座城市都是距離當前城市最近、同時是尚未被造訪的城市。

計算機科學家在設計一個啓發式演算法時，會試圖從數學上找到該演算法的近似比（approximation ratio），即最佳解和用啓發式演算法找到的解的比值。例如，有一個啓發式演算法的近似比是 2，這意味著該演算法可以快速爲旅行推銷員問題找到一個解，並保證這個解對應的距離在最差情況下不會超過最佳路線對應距離的 2 倍。有人可能會問：「如果你無法有效的找到最佳解，如何保證用啓發式演算法找到的解的大小不會超過最佳解的

2 倍？」這確實令人驚訝，而且看起來很神奇，但在數學上是可以做出這種保證的。

　　為旅行推銷員這個問題找到啓發式演算法，就是用弊（性能下降或距離變長）來換取利（速度快）。更重要的是，近似比表示了弊的大小，讓弊變得可控。如果你能接受某個啓發式演算法的弊，那麼你就可以放心地用它解決實際生活中的問題。

　　這就是用「可控的弊」換取「更大的利」。

用「可控的弊」換取「更大的利」

　　上文中的思維在實際生活中有很多應用。

　　在美國，森林野火每年都造成嚴重損失。過去許多年，美國林務局應對森林野火的治理政策是野火必救：一旦在野外發現小火苗，就立刻派人撲滅。但這種方法似乎沒有降低發生大規模森林火災的機率。

　　美國生態學家艾倫研究發現，乾旱使得很多樹木枯死，這時候一旦發生火災，這些樹木會瞬間讓森林燃起熊熊烈火。因此他建議，火災發生時，應該在可控範圍內讓枯死的樹木適時地被燒光，不要因累積過多枯木造成不可收拾的大火。

　　於是美國林務局在 2013 年修改了野火治理政策，不再實施「野火必救」，而是強調消防規畫和燃燒控制，主動在可控範圍

內讓森林的野火把枯木和其他易燃物一起燒掉。這樣做降低了大規模森林火災發生的機率。

這就是用可控的弊，換取更大的利的實際應用之一。

此外，施打疫苗也是如此。注射疫苗的本質是讓少量病毒感染你，從而讓你產生抗體。疫苗中的病毒對身體造成的傷害非常輕微，這個弊是可控的；而打完疫苗後，我們的身體產生了免疫力，這項好處遠大於打疫苗帶來的不適。

類似的例子還有：2013 年某影星宣布自己接受了乳腺切除手術以降低罹癌風險。因為她有乳腺癌家族史，並且身上帶有一種特殊的突變基因，而有該突變基因的婦女一生中罹患乳腺癌的機率為 80%，術後患乳腺癌的機率則會降至 5%。這種預防性的乳腺切除，就是主動用可控的弊，換取更大的利。

兵書中有一個被稱為「圍師必闕」的心理戰術，是指在攻城時不將城池全部包圍起來，而是打開一個缺口，讓敵人逃跑。因為如果敵軍深陷重圍，無處可跑，覺得沒有活路，必定會拚死抵抗。至於放開缺口可能會放跑少數敵人，但帶來的好處是瓦解敵人的士氣，殲滅大部分敵人。這也屬於主動用可控的弊，換取更大的利。

總結

　　本章圍繞「利與弊」，從電腦處理器說起，結合電腦中的 NP 難題和許多生活中的例子，主要談了三層思想：

　　第一層，「凡事有一利，必有一弊；凡事有一弊，必有一利」。

　　第二層，「利與弊」並不絕對，很多情況下其實沒有絕對的利弊，只有特點。某項特點是利還是弊，要根據情況判斷。因此最關鍵的，是找到把特點變成長處的位置，讓長處得以發揮。

　　第三層，主動用可控的弊換取更大的利，是解決問題的有效策略之一。

第 6 章
複雜現象背後的簡單規律
── 稀疏性

智取櫃的取件碼

　　我經常利用智取櫃收取我在網路上購買的東西。智取櫃的取件流程如下：所買的東西到貨後，物流系統會發送一個取件碼（例如 D333EA）到你的手機，然後你到智取櫃那裡輸入取件碼，就可以取出你買的東西了。

　　不少人已經很習慣這套流程了，但大家可曾想過這個問題：一組大型的智取櫃可能有幾百個櫃子，如果我根本沒買東西卻在智取櫃前反覆試按密碼，或者我按取件碼時按錯了，會不會碰巧能打開一個櫃子，把別人的貨品拿走？

　　答案是否定的。為什麼呢？我們可以用數學來回答。

　　假設一組智取櫃有 1000 個櫃子，每個櫃子都對應一個長度為 6 位數的取件碼，每個取件碼只包含數字 0~9 以及字母 A~Z。如果你隨機輸入取件碼，那麼你要輸入多少次，才可以打開一個櫃子？

這是一道機率題。首先我們知道，智取櫃的取件碼都是近似隨機產生的。因此，6 位取件碼中，每位取件碼的可能性有 36 種（10 個數字 +26 個字母），那麼輸入一次取件碼的正確機率為 $1/36^6$。一次就能打開 1000 個櫃子中的一個的機率為 $1000/36^6$。

如果你對這個數字不敏感，那麼我們來計算一下，輸入多少次才能讓你有 1/10 的機率打開其中一個櫃子。這個次數 n 的計算公式是：

$$1 - \left(1 - \frac{1000}{36^6}\right)^n = 0.1$$

計算得到 $n \approx 210720$，大概是 21 萬次。假設 10 秒輸入一次取件碼，那麼你需要不吃不喝地站在那裡試超過 24 天。注意，這還只是 1/10 的機率。

如果拋開上面的複雜計算，只用一句話來回答為什麼隨意試很難打開智取櫃，那就是**能夠打開櫃子的取件碼，分布得太稀疏**了。解釋一下「分布稀疏」的含義。假設你面前有一些櫃子，每個櫃子都有各自的取件碼，並且取件碼是在給定範圍內隨機產生的。為了讓讀者了解得更清楚，現在我們看最簡單的情況。**假設只有 10 個櫃子，取件碼只有 1 個**。那麼取件碼必然在那 10 個數字，以及 26 個字母之中。我們可以想像一條直線，這條直線上有 36 個點（見圖 6-1），每個點對應一個數字或字母。那麼能打開這 10 個櫃子的取件碼（在圖中為 10 個大圓點）就是這條直線

上 36 個點中的 10 個。

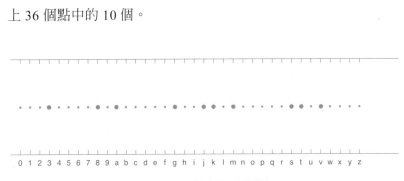

0 1 2 3 4 5 6 7 8 9 a b c d e f g h i j k l m n o p q r s t u v w x y z

圖 6-1 1 位數取件碼的情況

從圖 6-1 可以看出，隨意選一個點是容易選中某個大圓點的。這也意味著，比較容易出現隨意試一個取件碼就可以打開某個櫃子的情況。

假設取件碼有 2 位數，我們把第一位數取件碼視為包含 36 個點的橫軸，第二位數取件碼視為包含 36 個點的縱軸。因此所有可能出現的取件碼就都位於一個二維平面的交叉點上，如圖 6-2a 所示。圖中也顯示了隨機生成的 10 個能夠打開櫃子的取件碼對應的大圓點。我們可以看出，此時，這 10 個點的分布十分稀疏。如果隨意試，很難選中大圓點的位置。

如果取件碼變成 3 位數，那麼取件碼就表現為三維空間的點。我們把所有可能出現的取件碼對應的點，以及隨機生成的 10 個能夠打開櫃子的點（大圓點）顯示在圖 6-2b 中。可以看出，這 10 個點變得更稀疏了。

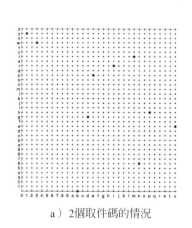

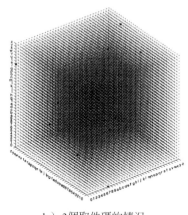

a）2個取件碼的情況　　　　　b）3個取件碼的情況

圖 6-2

　　我們可以想像，因為真實的取件碼有 6 位數，所以每個取件碼都是六維空間中的一個點，能夠打開智取櫃的取件碼的點，會分布得十分稀疏。猜取件碼就好像大海撈針，幾乎不可能靠運氣做到。因此，**稀疏性才是取件碼具有安全性的關鍵。**

稀疏的時間訊號和圖像

　　數學領域對「稀疏性」有明確的定義，如果一個時間訊號是稀疏的，那麼這個時間訊號大部分位置的值都是零。圖 6-3a 顯示了這樣一個稀疏的時間訊號。

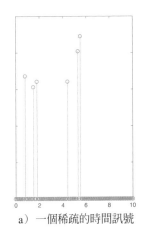

a）一個稀疏的時間訊號

b）一個稀疏的圖像

圖 6-3

如果一個圖像是稀疏的，那麼這個圖像的大部分像素值都是零（對應的顏色是黑色），圖 6-3b 顯示了一個稀疏的圖像。

如果我說，「現實中大部分時間訊號和圖像都是稀疏的」，你會同意我的說法嗎？肯定會有人反駁：「你說得不對，我們看到的絕大部分時間訊號和圖像並不像上圖這樣。」

我們來看一個現實中的時間訊號。現在智慧手表普及率很高，它可以測量人們的運動情況，如圖 6-4a 所示。智慧手表用加速度感測器來收集人們運動時手臂加速度的原始訊號，再處理訊號並得到相應資訊，包括走的步數、跑步的距離等。如果我們把加速度的原始訊號顯示出來，那麼其應該類似於圖 6-4b。

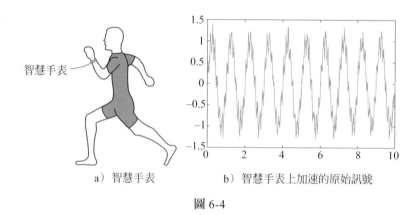

a）智慧手表　　　　　b）智慧手表上加速的原始訊號

圖 6-4

　　這個加速的原始訊號看起來和圖 6-3a 完全不同，也並不稀疏。然而，我要告訴各位的是，雖然這個加速度的原始訊號看起來並不稀疏，但如果用另外一種方式來表達，它就是稀疏的。這裡需要用到傅立葉級數這一概念。

　　法國數學家暨物理學家傅立葉在 1807 年提出了一篇論文，文中闡明一個結論：任何一個連續的週期訊號，都可以通過一組不同頻率的正弦波疊加得出。這裡的頻率可以理解成變化的快慢，一條曲線變化得越快，頻率越高。

　　從圖 6-5 可以更清楚地觀察出這一點：等式左邊這個訊號可以寫成等式右邊一系列不同頻率的正弦波的疊加。注意，每個正弦波前面都有一個係數（即圖中的 a_1, a_2…）。傅立葉級數的公式告訴我們如何計算每個正弦波前面的係數。

　　有人會問，把一個訊號變成多個不同頻率正弦波的疊加，對

我們有什麼好處？因爲這些正弦波是事先給定的，所以對於任一訊號，我們只需要知道這些正弦波前面的係數 $a_1, a_2\cdots$ 就可以完全重現這個訊號。簡單地說，**這些係數就是這個訊號的另外一種表示**。訊號處理時，通常把係數 $a_1, a_2\cdots$ 叫作訊號的「頻域表示」。

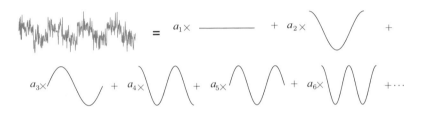

圖 6-5 正弦波疊加成任意曲線

更奇妙的是，實際生活中的大部分訊號，比如智慧手表記錄的加速度原始訊號，雖然原始形式並不稀疏，但如果用正弦波來表示，這些正弦波前面的係數大部分爲零。也就是說，**該訊號的頻域表示是稀疏的**。

我們以智慧手表的訊號爲例，用傅立葉級數公式計算出各個正弦波前面的係數，就可以把左邊的這個原始訊號表示爲不同頻率正弦波的疊加。從左到右，正弦波的頻率逐漸升高（見圖 6-6）。

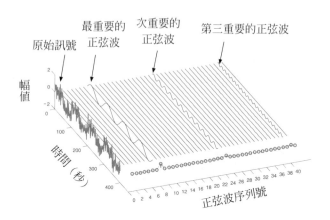

圖 6-6 用不同的正弦波的疊加來表示原始訊號

　　我們可以看出，在用來表示原始訊號的所有正弦波中，只有少數幾個正弦波的頻率顯得高一點，其他正弦波的頻率都非常低。這意味著除了少數正弦波，大部分正弦波前面的係數幾乎等於零。也就是說，這個時間訊號的頻域表示是稀疏的。

　　除時間訊號之外，我們日常生活中的圖像（見圖 6-7）其實也是稀疏的，其原理和智慧手表很類似。雖然圖 6-8 中的原始圖像並不稀疏，但是我們可以借助一個在數學上被稱爲「奇異值分解」的數學工具，將這個圖像拆解成爲一系列非常簡單的圖像疊加。等式右邊的這些圖像非常簡單，如果仔細看一下，就可以發現這些簡單圖像都由橫線和直線組成；但是不同的簡單圖像中，橫線和直線的位置不同。我們可以說，**每一個簡單圖像，都對應了原始圖像中的一種模式。**

圖 6-7 原圖

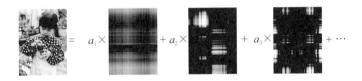

圖 6-8 用多個簡單的圖像的疊加來表示一個原始圖像

更重要的是，簡單圖像前的係數 a_1, a_2…是稀疏的。按照奇異值分解得到的係數 a_1, a_2…嚴格以從大到小的順序迅速下降：只有前幾個圖像的係數比較大，越靠後圖像的係數越小，大部分圖像的係數接近零。

這就意味著，雖然原始圖像看起來很豐富，也不稀疏，但是我們可以只用少數的簡單圖像表示它。

可能有人會說，這樣表示有什麼好處呢？好處主要體現在數

據壓縮方面。簡單圖像所需要的儲存空間比原始圖像小得多。透過這種方法，我們只需要把少量比較大的係數對應的簡單圖像和對應的係數一起存起來，就可以恢復原始圖像。這大大壓縮了儲存需要的空間。

我們可以驗證一下。圖 6-9a 是原始圖像，圖 6-9b 是將前100 個簡單圖像相加得到的圖像。我們可以看出，二者幾乎一樣。而在這個例子中，儲存 100 個簡單圖像以及對應係數所需要

a) 原始圖像　　　 b) 將前100個簡單圖像相加得到的圖像

圖 6-9

的空間，只是原始圖像的 1/10。

原始圖像看起來很豐富、不稀疏，但只要借助數學工具，我們就可以發現，這些圖像包含的模式是稀疏的。比如圖 6-9 中，100 個簡單圖像幾乎就可以很好地表現原圖，這一點對於實際生活中的絕大部分圖像都成立。

湧現

　　黃昏時，在世界上很多地方都可以看到這樣令人震驚的景象：成千上萬的鳥聚集在一起飛翔，形成了一個巨大的「個體」，它們時而形成一條長帶，時而聚攏成盤狀，時而形成各種依稀可辨的造型，展現了自然界最令人興奮的一幕（見圖6-10a）。

　　這種現象在魚群中也經常會出現。規模龐大的石鱸魚、沙丁魚組成的「魚群龍捲風」看起來像一個巨大的漩渦（見圖6-10b）。

a) 鳥群呈現的形狀　　　　　　　b) 魚群龍捲風

圖 6-10

　　鳥群和魚群的這種複雜的群體行為很早就引起了人們的注意。在 1830 年代，英國鳥類學家艾德蒙・塞盧斯（Edmund Selous）用了「通靈」（thoughts-transference）一詞來解釋這一行為。他認為鳥群中存在一個「幽靈」，這個幽靈控制著鳥群中

的每一隻鳥，控制牠們如何活動以整體展現各種神奇的圖像。當然我們都知道，幽靈並不存在。但是關鍵問題在於，鳥的智商真的到了能讓牠們進行複雜的協作，從而呈現出這些壯觀景象的程度嗎？

對於上述動物群體行為研究的突破，在 1986 年由電腦科學家克雷格・雷諾茲（Craig Reynolds）完成，他進行研究的初衷，是讓電腦更有效率地繪製鳥群的飛行圖像。在他之前，工程師編寫鳥群的運動程式時，會在程式中規定好每隻鳥的活動軌跡，工程師其實是鳥群的中心指揮者，也就是塞盧斯提到的「幽靈」。但雷諾茲發現，有一種「自組織」的演算法可以很簡單地重現鳥類的群體活動。

按照這種演算法，鳥群中的每隻鳥只要遵守如下三項規則飛行，就可以讓鳥群整體展現出複雜的活動：

①避免與自身附近的其他成員碰撞；

②與附近其他成員的飛行方向大概保持一致；

③靠近其他鳥，不要落單。

這三項規則很簡單，也不需要每隻鳥都有很高的智慧水準才能完成。飛行時，鳥群中的每隻鳥只需獲悉牠周圍局部的資訊，根據這些資訊與這三項規則採取相應的行動，整個鳥群就可以呈現出各種複雜的群體行為。

不僅鳥群如此，魚群在海水中的繞圈運動也是如此，當牠們

受到襲擊時，會像噴泉一樣從中間散開，然後再合併，這些都可以在螢幕上根據模型中的參數變化逼真地展現。這種個體間的簡單規則導致整體出現「高級」活動的現象在學術界被稱之為「**湧現**」（emergence）。

　　除了鳥群和魚群，另一個體現湧現的例子是蟻群。單隻螞蟻那麼小，其「腦容量」讓牠根本無法儲存複雜的智慧，只能完成特別簡單的動作。牠沒有什麼智慧，做的事都很簡單，幾乎全是本能的反應。可是整個蟻群的行為卻無比精巧和複雜！蟻群能修築龐大的城堡，有明確的分工，能採集食物和戰鬥，甚至還有畜牧業。科學家推測，每隻螞蟻都內嵌了一些簡單的規則，這些規則讓很多螞蟻在集中起來後可以做出一些極其精巧複雜、充滿智慧的事情。我們可以看出，在「湧現」中，貌似複雜的現象依據的是個體背後幾條簡單的規則，這也是稀疏。

總結

　　本章從智取櫃說起，談到了現實生活中的稀疏。之所以不能透過亂猜的方式打開智取櫃，是因爲智取櫃的取件碼是稀疏的。現實生活中的時間訊號和圖像看似不稀疏，但是轉換爲其他表示方法後會發現，其通常也是稀疏的。

　　此外，「湧現」告訴我們，很多貌似複雜的現象背後有幾條簡單的規則，這也是稀疏。

　　稀疏在我們身邊無處不在。很多看起來複雜的現象背後所包含的規律，是稀疏而簡單的。

───────── 第 7 章 ─────────

龐帝克汽車與香草冰淇淋
──條件獨立

先來講一個很有趣的故事。

汽車和冰淇淋

通用汽車有一個品牌叫龐帝克，相關部門曾經收到某位顧客的郵件投訴，該封信內容如下：

這是我第二次寫信給你，我不怪你不回覆我，因為我知道這聽起來很瘋狂，但它是一個事實。我家有個傳統：晚飯後去吃冰淇淋，每天晚上我們都開車去買不同口味的冰淇淋。我發誓我說的都是真的，我最近購買了一輛龐帝克，但是去買冰淇淋時我發現了一個問題：每當我買香草冰淇淋，汽車都發不動，但如果我買其他口味的冰淇淋，汽車就會很好地啟動。我非常嚴肅地看待這件事，不管你覺得我有多麼愚蠢，我都想知道，為什麼龐帝克每次遇到香草冰淇淋就無法順利發動？

　　汽車公司的經理雖然很懷疑事情的真實性，但還是派了一位工程師調查這個問題。工程師和車主見了面，約定一起去買香草冰淇淋，他們到了商店，買完冰淇淋，車子果真發不動了。

　　工程師盡量還原現場，並連著三天晚上開車去買冰淇淋。

　　第一晚，買巧克力口味的，車子啟動了。

　　第二晚，買草莓口味的，車子也啟動了。

　　第三晚，買香草味口味的，車子就不動了。

　　這到底是怎麼一回事？

　　這位工程師非常細心，在這幾次和顧客一起買冰淇淋的過程中，他詳細記錄了過程中的每一個細節，並分析了這些細節，希望找出買香草冰淇淋的過程和買其他口味冰淇淋的過程中所有的不同之處。

　　真相果然隱藏在細節裡。工程師發現，**買香草冰淇淋所用的時間遠比買其他口味的要短。**

　　香草冰淇淋賣得最好，被放在距離商店門口最近的地方，不需要翻找，直接拿起來付錢即可。而其他口味的冰淇淋被放在商店較靠後面的位置，多種口味混合放在一起，不只要走到相應位置，還要翻找想要的口味，所花時間明顯比買香草冰淇淋更久。

　　購買時間和車子的啟動又有什麼關係？工程師對這個顧客的汽車進行了檢查，發現「氣阻」問題。氣阻通常在引擎較熱時產生，如果汽車的供油系統中出現氣阻，引擎吸燃料時，燃料的供

應會變得斷斷續續，汽車會因此無法啟動或在行進間熄火。

這位顧客購買的龐帝克汽車就有氣阻的問題。購買其他口味冰淇淋花費的時間足以讓引擎冷卻，從而讓車順利啟動；而當顧客購買香草冰淇淋時，時間短，引擎過熱，氣阻無法及時消失，汽車因此無法啟動。

工程師解決了顧客汽車的氣阻問題，這位顧客以後在購買任何口味的冰淇淋時，再也沒有出現車子無法啟動的情況。

條件獨立

大部分人看完上述故事的收穫是：有時候問題看起來無解，但在冷靜思考後會發現它的確可以被解釋。不過，在本書中我想更深入地分析這個故事。故事中包含了一個數學概念──**條件獨立**。

條件獨立和**條件機率**有關。我先介紹什麼是條件機率。條件機率通常寫成 $P(A|C)$ 的形式，即在事件 C 發生的情況下，事件 A 發生的機率。

例如，下雨天通常選擇搭車上班。在這個例子裡，C 就是「下雨天」，A 就是「搭車」，而 $P(A|C)$ 就是一個接近 1 的機率值（下雨天通常會搭計程車）。如果去掉這個條件，$P(A)$ 就是一般情況下你搭計程車的機率（可以藉由統計一年有多少次搭計程車去上班得出）。明顯可見，$P(A|C)$ 和 $P(A)$ 是不同的。

　　知道了什麼是條件機率，就可以給出條件獨立的定義。在數學上，如果事件 A 和事件 B 關於事件 C 條件獨立，那麼有：

$$P(B|A, C) = P(B|C) \tag{7.1}$$

$$P(A|B, C) = P(A|C) \tag{7.2}$$

　　$P(B|A, C)$ 是在事件 A 和事件 C 同時發生的情況下，事件 B 發生的機率；$P(B|C)$ 是在事件 C 發生的前提下，事件 B 發生的機率。這個公式告訴我們，在條件獨立的情況下，這兩個機率是相同的。

　　為了更清楚地解釋這兩個機率相同的含義，我們假設有兩個人，他們都知道事件 C 發生了，但是第二個人除了知道事件 C 發生了，還知道事件 A 發生了。**現在這兩個人要根據自己掌握的資訊，推斷出事件 B 發生的機率。**

　　用數學公式來表達，第一個人要得到 $P(B|C)$，而第二個人要得到 $P(B|A, C)$。

　　一般來說，第二個人知道的訊息更多，其推斷出來的事件 A 發生的機率也會和第一個人不同。但是在條件獨立的前提下，$P(B|A, C)=P(B|C)$，這兩個人得出的結論完全一樣。

　　也就是說，如果事件 A 和事件 B 關於事件 C 條件獨立，**那麼在知道事件 C 發生的前提下，知道事件 A 發生並不能幫助我們更好地推斷事件 B 發生的機率。**

同樣有：

$$P(A|B, C) = P(A|C)$$

這個公式告訴我們，如果事件 A 和事件 B 關於事件 C 條件獨立，那麼在知道事件 C 發生的前提下，知道事件 B 發生並不能幫助我們更好的推斷事件 A 發生的機率。

總結一下，如果事件 A 和事件 B 關於事件 C 條件獨立，**那麼在知道事件 C 發生的前提下，知道事件 A 或事件 B 中的一個是否發生，並不能幫助我們更好地推斷出另外一個事件發生的機率。**

這就是條件獨立的核心思想。

條件獨立案例

我們以上文為例，其中事件 A 是「購買香草冰淇淋」，事件 B 是「車啓動不了」，事件 C 是「購買時間短」。

「車啓動不了」的內在原因是「購買時間短」，而不是「購買香草冰淇淋」。如果我們知道這位顧客某次「購買時間短」，那麼不管他這次是否購買香草冰淇淋，我們都可以推斷出這一次「車子發不動」的機率極高。

也就是說，在「購買時間短」這個事件發生的前提下，知道

「購買香草冰淇淋」並不能幫助我們更好地推斷「車子發不動」的機率。「車子發不動」和「購買香草冰淇淋」關於「購買時間短」條件獨立。我們用圖 7-1 來表示這個例子，事件 A 是「購買香草冰淇淋」，事件 B 是「車子發不動」，事件 C 是「購買時間短」。因為事件 A 很可能導致事件 C 發生，事件 C 很可能導致事件 B 發生，因此 A、B、C 的關係如圖 7-1 所示。

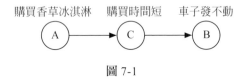

圖 7-1

從統計意義上來說，事件 A（購買香草冰淇淋）和事件 B（車子發不動）看似有關係（每次購買香草冰淇淋時，車子都發不動），但是中間隔了一個事件 C（購買時間短）。在這種結構下，事件 A 和事件 B 在事件 C 發生的情況下條件獨立。

兩個事件看似相關，實則關於另外一個事件條件獨立的情況非常普遍。如果意識不到這一點，就**很容易犯了把「相關性」當成「因果性」的錯誤**。我們來舉幾個例子。

穿夾克和車禍發生率

　　一項調查發現，每當倫敦的計程車司機穿夾克，發生車禍的

機率都會大大增加。

　　很多人猜想是穿夾克導致司機的操作不便，從而增加了事故發生率。這項調查幾乎促成了英國通過立法禁止計程車駕駛員穿夾克。

　　經過仔細研究才發現，天氣才是背後的根源：下雨時，司機經常穿夾克；下雨時，發生車禍的機率大。

　　也就是說，我們知道了「下雨天」，自然就可以推斷出「發生車禍」的機率比較高；而「司機穿夾克」實際上並不能幫助我們更好地推測「發生車禍」的機率。因此，「穿夾克」和「發生車禍」這兩個事件關於「下雨天」條件獨立。

　　這個例子中，事件 A 是「穿夾克」，事件 B 是「發生車禍」，事件 C 是事件背後共同的原因：「下雨天」，三者的關係如圖 7-2 所示。

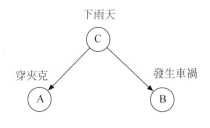

圖 7-2　A、B、C 關係圖

　　「穿夾克」和「發生車禍」具有統計意義上的相關性，但這兩個事件之間沒有因果關係，它們關於「下雨天」這一事件條件

獨立。

「春風吹又生」的邏輯問題

　　有很多關於春天的古詩，例如「野火燒不盡，春風吹又生」，還有「不知細葉誰裁出，二月春風似剪刀」，以及「春風又綠江南岸，明月何時照我還」。在這些詩句中，「春風」有著文字上的美感。

　　然而，如果我們用數學仔細剖析一下，就可以發現「春風」這個事件和「草木青青」這個事件雖然具有統計意義上的相關性，但是兩者間本質上沒有因果性：它們關於另外一個事件「氣溫升高」條件獨立。

　　具體來說，「氣溫升高」會導致颳風。因為在春天，整個北半球開始升溫，歐亞大陸因為呈砂石土壤結構，升溫較快；而太平洋由水構成，升溫較慢。升溫較快的地區貼近地面的空氣被加熱，熱空氣因密度小而上升，形成低壓。而在升溫較慢的太平洋地區，情況恰好相反，貼近水面的空氣的溫度低於附近其他區域空氣的溫度，冷空氣因密度大而下沉，形成高壓。高壓區的空氣一定會向低壓區流動，於是太平洋的暖濕氣流向歐亞大陸移動，這時風就產生了。

　　此外，「氣溫升高」會導致植物芽中一種名為「離層酸」

（離層酸會抑制植物生長）的物質濃度降低。因此，春天到來後，植物體內生長調節劑的含量增加，一些能讓植物打破休眠狀態、讓植物萌發的酶開始合成，植物開始萌發生長，也就形成了「草木青青」。

　　我們可以看出，「氣溫升高」形成了「春風」，同時也形成了「草木青青」。從現象上來看，「春風」和「草木青青」具有統計意義上的相關性，但這兩個事件之間沒有因果關係，它們關於「氣溫升高」這一事件條件獨立，三者的關係如圖 7-3 所示。

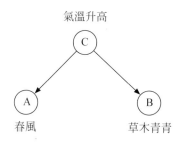

圖 7-3　A、B、C 關係圖

火警

　　如果有一天你家裡沒人，且電器發生自燃、引發了火災，你的左鄰右舍看到後，有一定機率都會報警，但是他們之間不會詢問對方是否打過火警電話。

　　從統計意義上來說，這兩個鄰居打火警電話的機率是相關

的：如果其中一個人打了電話，那麼另一個人也打電話的機率就很高。但「房屋著火」才是這兩個鄰居打電話的真正原因。

　　這個例子中有三個事件：事件 A「鄰居 A 報警」，事件 B「鄰居 B 報警」和事件 C「房屋著火」。在這三個事件中，如果我們知道了「房屋著火」，那麼我們立刻可以推斷「鄰居 A 報警」的機率很高。知道「鄰居 B 報警」，並不能幫助我們推斷出「鄰居 A 報警」的機率。

　　也就是說，「鄰居 A 報警」和「鄰居 B 報警」關於「房屋著火」條件獨立。這個例子中，「房屋著火」是「鄰居 A 報警」和「鄰居 B 報警」的原因，因此 A、B、C 的關係如圖 7-4 所示。

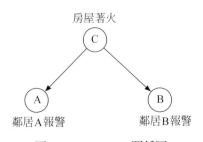

圖 7-4　A、B、C 關係圖

情緒 ABC 理論

　　一件事情發生後，大家都喜歡找原因，並根據原因找解決方法。例如，一個小學生學習不夠努力、成績不好，他的父母自然

感到生氣。很明顯的，學習不夠努力、成績不好，就是父母生氣的直接原因。一個原因導致一個結果，這就是單點思維。

可是，仔細分析後會發現，上文的推理過程並不完全正確。例如，為什麼很多家長拿到孩子並不理想的成績單後，並不那麼鬱悶？可能學習不好並不會直接讓家長鬱悶，讓家長鬱悶的推理鏈的中間還有一環，那就是家長的認知。

如果在家長的認知中，成績並不是最重要的，成績背後反映的問題才是關鍵，那麼不管孩子的成績是好是壞，家長都不會生氣，而會冷靜地和孩子分析成績體現的問題。

換句話說，如果家長的認知更全面，那麼不管孩子的成績如何，家長的反應都會是正面的。也就是說，在已知「家長的認知更全面」的前提下，知道「孩子的成績」，並不能幫助我們更好地推測「家長的反應」。「孩子的成績」和「家長的反應」關於「家長的認知」條件獨立。

心理學上有一個類似的理論，就是情緒 ABC 理論。這是美國心理學家亞伯・艾里斯（Albert Ellis）提出的一種情緒調節法。這裡的 A 代表激發事件（Activating event），B 代表信念（Belief），C 代表結果（Consequence）。

情緒 ABC 理論告訴我們，激發事件 A 是引發情緒和結果 C 的間接原因，而引起結果 C 的直接原因，則是個體基於對激發事件 A 的認知和評價所產生的信念 B。

　　比如，同樣是失戀，有的人會開解自己，認爲這未必不是一件好事；有的人卻傷心欲絕，認爲自己今生可能都不會再愛人。再比如，工作面試失敗後，有的人可能會認爲這次面試只是一次嘗試，不成功也沒關係，下次再來；有的人則可能會想，自己精心準備了那麼久，竟然沒通過，是不是太笨了？別人會怎麼評價自己？即使激發事件 A 一樣，但這兩類人的信念 B 不同，因此他們的情緒體驗結果 C 也不同。

　　情緒 ABC 理論裡，A 引起了 B，B 引起了 C。在這種關係中，只要知道了 B，我們就可以比較準確地知道 C。知道 A 到底是什麼，並不能幫助我們很好地判斷 C 的發生機率。從數學上來說，A 和 C 關於 B 條件獨立（見圖 7-5）。

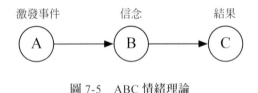

圖 7-5　ABC 情緒理論

　　古羅馬斯多噶學派哲學家愛比克泰德（Epictetus）曾說：「人並不是被事物本身影響，而是被他們自己對事物的看法左右。」

　　叔本華也說過類似的話：「事物對於我們而言所具有的意義，讓我們感到幸福或者不幸，這不取決於它們本來的面貌，而是取決於我們如何看待它們。」

───────────── 總結 ─────────────

　　本章從一個購買了龐帝克汽車的顧客買冰淇淋時發生的奇怪現象說起，談到了數學中的「條件獨立」這一概念。

　　很多情況下，兩個事件看似相關，實則關於另外一個事件條件獨立。如果我們不挖掘背後的「另外一個事件」，就很容易犯了把「相關性」當成「因果性」的錯誤。

—— 第 8 章 ——
空氣清淨機與卡爾曼濾波器
—— 訊息演算

　　某鄉民在線上發布了一篇關於某品牌空氣清淨機的文章。內容大致如下：一名用戶在使用該品牌空氣清淨機之前，沒有按照說明書的要求把清淨機的塑膠濾芯膜拆開，很明顯地，沒拆濾芯膜的空氣清淨機完全不能起到淨化空氣的作用。但是該用戶發現，打開清淨機運行一段時間後，清淨機上的顯示燈就從代表嚴重汙染的紅色變成了代表空氣品質良好的綠色。

　　緊接著，其他較權威媒體的測評也證明了這一點：在不拆除濾芯膜的情況下，該品牌清淨機在打開後會顯示空氣中汙染物的濃度隨著清淨機的運行不斷下降。

　　線上隨即出現了很多發文，都在說該品牌空氣清淨機檢測到的 PM 2.5 數據與實際情況有較大出入。一時間，許多人紛紛對該品牌造假表示憤慨，對該品牌空氣清淨機的淨化效果產生了很大的疑問。生產該品牌空氣清淨機的公司回應表示：不拆除濾芯膜使用時，感測器檢查到的空氣品質也會由於顆粒物沉澱和局部

空氣流動而發生變化。但該回應在不久後又被刪除。該品牌的一位負責人向記者解釋：刪除貼文是因為其中一些內容過於側重技術，讀者難以理解。但他同時也強調，該品牌的空氣清淨機不存在品質問題。

後來事情出現了一些反轉：很多網友和一些權威機構都用先進的PM 2.5檢測儀器對該品牌空氣清淨機的淨化效果做了評測。評測結果顯示，拆了濾芯膜之後，該品牌空氣清淨機的確可以有效淨化空氣品質，而且淨化效果相當不錯。

好了，所有事實擺在眼前，大家怎麼看呢？

基於以上事實可以得出一項比較客觀的結論：**該品牌空氣清淨機在淨化方面有效，但在顯示效果方面存在問題。**

能在線上找到的絕大部分相關文章的結論基本與上述觀點一致，但是繼續深究的文章很少。接下來，我們來深掘一下，探究該品牌空氣清淨機為什麼會出現上文中的現象。事件核心只有一個：該品牌空氣清淨機顯示的空氣品質是如何計算出來的。

如何計算空氣品質？

通常人們對這個問題的理解很簡單：該品牌空氣清淨機肯定帶有檢測空氣品質的感測器，感測器測出多少就顯示多少。對這個理解我們暫且不做評斷，先來看一下如何測定PM 2.5的濃度。

　　空氣中飄浮著大小不同的各種懸浮微粒，PM 2.5 在其中屬於較細小的。要想測定 PM 2.5 的濃度，需要兩個步驟：第一步，把 PM 2.5 與較大的懸浮微粒分離；第二步，測定分離出來的 PM 2.5 的重量。目前各國環保單位廣泛採用的 PM 2.5 測定方法有三種：重量法、β 射線照射法和振盪式微量天平法。這三種方法的檢測結果都比較準確，因此都被納入檢測標準，然而它們都有一個問題：檢測所需設備都太貴了。

　　空氣清淨機和絕大部分手持的小型 PM 2.5 檢測儀器都會使用另一種未被納入檢測標準的方法：光散射法。該測定方法的原理是：空氣中的懸浮微粒濃度越高，其對光的散射情況就越好。當我們直接測定空間內光的散射情況時，理論上就可以算出懸浮微粒的濃度。

　　這個方法簡單又便宜，但和被納入檢測標準的三種方法相比精度不足。光的散射情況與懸浮微粒濃度之間的關係會受到懸浮微粒的化學組成、形狀、比重等因素的干擾而產生誤差。有研究者做過理論計算，利用光散射儀測定 PM 2.5，會有 30~40% 的誤差。

　　經過上述分析，我們似乎找到了該品牌空氣清淨機顯示不準的原因，該品牌的空氣清淨機採用的是光散射法，這種方法的檢測結果不太準確，因此會導致該品牌空氣清淨機所顯示的空氣品質和實際不符。

　　可是這個結論似乎無法解釋在不拆除濾芯膜的情況下，該品

牌空氣清淨機打開後，為什麼顯示燈顯示空氣中汙染物的濃度隨
著清淨機執行時間的增加不斷下降。這樣的現象不能用檢測儀器
不準來解釋，沒拆開濾芯膜，清淨機沒運轉，空氣品質應該是
穩定的。因為該品牌的感測器有誤差，所以測到的 PM 2.5 數值
應該如圖 8-1a 所示、在某個值周圍跳動，而不是如圖 8-1b 所示
的，隨執行時間增加卻不斷下降。

　　這說明還有一股「神奇」的力量在該品牌清淨機全力運轉
時，讓其顯示的 PM 2.5 數值下降了。

　　這就是**演算法**。

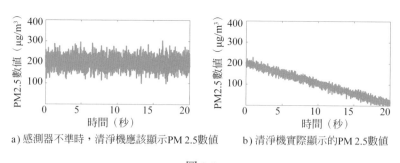

a) 感測器不準時，清淨機應該顯示PM 2.5數值　　　b) 清淨機實際顯示的PM 2.5數值

圖 8-1

　　儘管不清楚該品牌空氣清淨機用於顯示數值的演算法，但是
根據上述資訊，我幾乎可以 99% 肯定，空氣清淨機顯示的空氣
品質不僅取決於感測器即時檢測到的空氣品質，還取決於該空氣
清淨機的運轉時間、風力強度大小等因素。簡單地說，**最後顯示
的空氣品質，是結合感測器的檢測情況和空氣清淨機的工作狀態**

得出的。

　　具體來說，當該品牌空氣清淨機被開啓後，演算法一方面會即時收集感測器測到的空氣品質，另一方面會結合設定的運作時間和風力強度大小來修正感測器當前的值。運作時間越長，強度越大，演算法就會把當前感測器檢測的 PM 2.5 數值下調越多。這就是一個沒有拆開濾芯膜的清淨機被打開後，顯示的 PM 2.5 數值會隨著時間增加而不斷下降的眞正原因。

　　很多人肯定會說，該品牌的這個演算法是在欺騙消費者。但如果仔細思考就會知道，在正常情況下（拆開濾芯膜）使用演算法後得到的數據可能比單純根據感測器得到的數據更接近眞實情況。該品牌空氣清淨機的感測器誤差很大（30~40%），而綜合各種因素並結合演算法，我們也可以**推測**空氣品質。一個是當前感測器的檢測結果，一個是根據規律推測的結果，如果我們把這兩項資訊融合一起，最後估計出的數據精度通常會比單純依賴感測器得出的更高。

　　有效綜合當前的檢測結果和根據規律推測出來的結果，就是**卡爾曼濾波器**的核心思想。

卡爾曼濾波器

　　如果一個人在機器人、控制論或航太工程學等方面有一定研

究，那麼他一定聽過卡爾曼濾波演算法。卡爾曼濾波器是以其發明者魯道夫·卡爾曼的名字命名的，已廣泛用於太空船、導彈、飛機等方面的導航和定位。最著名的一個應用例子，就是阿波羅11號太空船的導航系統中，採用卡爾曼濾波器來估計太空船的位置。當時，電腦從陀螺儀、加速度計和雷達等感測器中獲取原始測量數據，數據中充滿隨機錯誤和難以處理的誤差等固有雜訊。當阿波羅11號太空船高速飛向月球的表面時，這些錯誤可能會致命。

卡爾曼濾波演算法從這些充滿雜訊的測量數據中，精確估算了阿波羅11號太空船的位置、速度等關鍵變數。當阿姆斯壯透過程式控制阿波羅11號太空船落在月球表面時，卡爾曼濾波器發揮了重要作用。在當年的錄音檔中，你甚至能聽到當阿姆斯壯登月時，同行的另一名太空人艾德林（Buzz Aldri）用卡爾曼濾波器進行位置估算的聲音。

我們舉一個例子來說明卡爾曼濾波器的原理。如果我們在一個沙漠裡開車，怎麼知道自己的位置呢？大家首先想到的就是GPS。GPS透過測量多顆衛星和車子的距離，即時提供車子的位置。但是民用GPS的原始數據中有較多的雜訊，僅用GPS來定位時，甚至會產生幾十公尺的誤差。

還有沒有別的訊息能幫助我們定位？有的。還有來自車輛運行的資訊。例如，每輛車上都安裝了速度感測器、加速度感測

器，可以此知道車子的速度、加速度的強度大小和方向，這些資訊可以提升定位的精度。假如我們知道車子在上一刻的位置，那麼當前的位置除了可以用 GPS 直接測量外，還可以根據車子的速度和加速度來推測。卡爾曼濾波器告訴我們一個理論上最佳的方法，即是將這兩類訊息融合起來，而且從理論上也證明了融合後的定位，比單獨用 GPS 估計的定位更準確。

　　卡爾曼濾波器旨在得到對某個量的估計，這個量在卡爾曼濾波器裡被稱為狀態。為了得到對狀態的估計，卡爾曼濾波器利用了兩個訊息：一是狀態自身變化規律，二是觀測。其中包含兩個方程式，一是狀態方程式，二是觀測方程式。狀態方程式描述了狀態的變化規律，而觀測方程式描述了狀態和觀測之間的關係。卡爾曼濾波器在每一時刻的狀態估計，都結合了這兩項訊息：透過狀態方程式，卡爾曼濾波器可以估計出當前的狀態；透過觀測方程式，卡爾曼濾波器也可以推測出當前的狀態。卡爾曼濾波器把它得到的這兩項訊息結合起來，就會得到對最終狀態的估計。

　　有人問，如何結合這兩個訊息？非常簡單──根據訊息的準確度。如果描述狀態自身變化規律的狀態方程式很準確，那麼我們就更有理由相信狀態方程式得出的估計，這時可以把該估計的權重提高，而把透過觀測得到的估計的權重降低。如果我們認為觀測很準確，那麼我們就把觀測方程式得出的估計的權重提高。這就是卡爾曼濾波器的核心思想。

　　有人會問，卡爾曼濾波器不就是一個估計某個量的演算法嗎？爲什麼被稱爲濾波器呢？濾波器是訊息處理領域的概念。通常，一個訊息中的雜訊在經過濾波器後會被濾除，濾波器會輸出一個乾淨的訊號。圖 8-2 顯示了一個濾波器的效果。

圖 8-2 濾波器的效果

　　卡爾曼濾波器之所以被稱爲濾波器，是因爲從結果上來看，它也可以去除雜訊。因爲卡爾曼濾波器結合了狀態自身變化規律，而狀態自身變化規律通常都是平滑的。

　　在車輛定位中，位置感測器（例如 GPS）中的雜訊較多，如果單獨依靠位置感測器，我們得到的車輛軌跡很可能是一個有很多雜訊的軌跡。而根據車輛的速度、加速度推測出來的車輛軌跡則相對平滑。融合了這兩種資訊以後得出的車輛軌跡，比單獨用位置感測器得出的軌跡更平滑，這就是卡爾曼濾波器被稱爲「濾波器」的原因。

　　卡爾曼濾波器的核心思想，就是利用當前透過感測器得到的觀測資訊和狀態自身變化規律的資訊進行綜合推斷，這種思想在生活中隨處可見。月嫂或有育兒經驗的媽媽，往往可以準確判斷出一個還不會說話的嬰兒是否餓了，其中也有卡爾曼濾波器的思維。

要想準確判斷嬰兒是否餓了，通常需要結合兩種訊息。

第一種訊息是對當前情況的觀測，透過嬰兒當前的表情、是否哭鬧，以及哭鬧的方式和程度來判斷他是否餓了。例如他哭得很厲害，那麼很有可能是餓了。這利用了**觀測方程式**。

第二種訊息是根據孩子上次喝奶的時間，以及孩子飢餓程度的變化規律進行推斷。一般而言，孩子剛喝過奶時是吃飽的，但是隨著時間的推移，其飢餓的程度會慢慢加深，直到下一次喝完奶再次變飽。這利用了**狀態方程式**。

把這兩種訊息結合起來，通常就可以做出更準確的判斷。例如，雖然一個嬰兒的哭聲聽起來很像是餓了，但是如果他剛喝完奶，那麼他當前餓了的機率就比較低。

在一個嘈雜的菜市場裡，即使不能完全聽清楚對方在說什麼，很多情況下我們仍然可以理解對方的意思。之所以能夠做到這一點，也是因為我們利用了卡爾曼濾波器的思維。我們會利用兩方面的訊息。一方面是感測器（耳朵）所接收到對方話中的訊息。注意，菜市場環境很嘈雜，這意味著有很多的噪音（雜訊），因此僅憑藉接收到的訊息很難還原對方說的話。例如，如果對方給你念一段順序被打亂的語句，你幾乎很難再把這段話正確地複述出來。

而我們之所以能夠理解對方的意思，是因為我們同時還利用了另一方面的訊息：對方話語上下文中所包含的資訊。當你聽懂

了前一個詞或前一句話時，你就有可能根據上文「猜出」下一個詞，甚至下一句話的意思。例如，如果你清楚地聽見對方問你：「這個菜……」雖然後面三個字沒聽清楚，但是你可以根據上下文會包含的訊息，推斷出後面三個字是「多少錢」的機率很大。

欣賞書法有時也是如此，比如行書、草書等，如果單看某個字我們可能不清楚寫了些什麼，但是連起來看整句或整篇，往往就可以正確地理解內容。這就是人們結合兩種訊息進行判斷的結果。某個字本身的樣子即我們對當前的觀測，而我們可以基於此結合上下文，即狀態的變化規律，猜出這個字的語義。

總結

本章透過某品牌空氣清淨機的例子，介紹了卡爾曼濾波器的原理。卡爾曼濾波器結合了兩個不同的訊息：事物本身的變化規律和對當前的觀測。卡爾曼濾波器將這兩個訊息進行有效結合來得到對最終狀態的估計。這種結合不同訊息的思想在實際生活中有很多應用，可以幫助我們做出更準確的判斷。

方法篇

解決難題的
策略和技巧

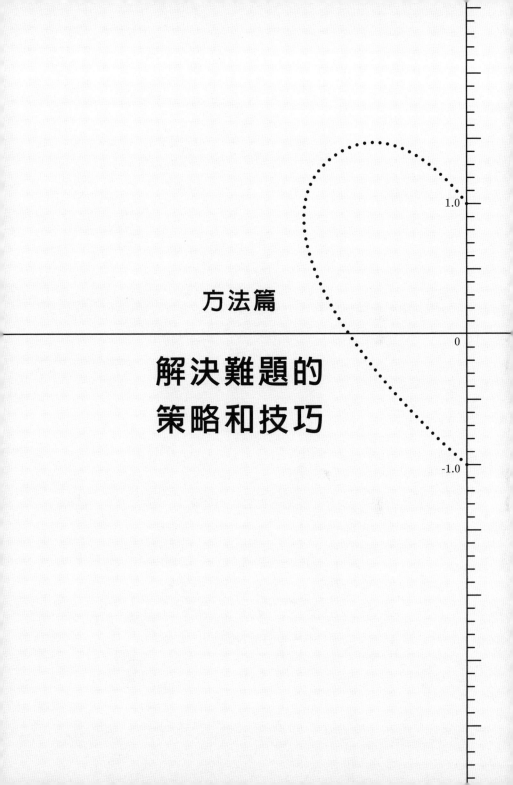

—— 第 9 章 ——

微軟和蘋果是如何成功的？
—— 負回饋與正回饋

跑步的正向迴圈

有一次，我和一個同事一起跑步。我不經常鍛鍊，因此一直氣喘吁吁地跟在他後面。跑步空檔，我問他能跑幾圈，他說大概30 圈。

我驚訝地問：「我跑 10 圈都這麼累了，你是怎麼跑 30 圈的？」

他回答：「我去年這時候比現在重 20 公斤，剛開始跑步時，也是跑 8 圈就累得不行，堅持一段時間後，不僅體能提升了，而且體重下降，自然能堅持得越來越久了。」

大家是否注意到，**他的跑步經歷是一個正向迴圈**：開始體重較重，體能不好，只能跑 8 圈；堅持一段時間，體能提升了，體重也下降了，可以跑得更遠，從而更大程度地提升體能，更好地減重。這就是他現在能跑 30 圈的原因。

正向迴圈和控制系統中名為「回饋」的名詞緊密相關。

控制系統中的回饋

回饋是控制系統中最基本的概念。為了說明回饋，就得先談談控制系統。

圖 9-1 就是一個簡單的控制系統。通常，控制系統包括前端的「控制器」和後端的「受控對象」。控制器有一個「輸入」，這個輸入通常是預設的某個目標。控制器會透過某些策略對「受控對象」進行控制，讓後者的「輸出」和預設目標一致。

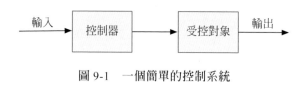

圖 9-1　一個簡單的控制系統

比如，你伸手去拿放在桌上的手機，這個過程就是你的控制系統在發揮作用。在這一控制系統中，大腦是「控制器」，而手部（手臂和手指）是「受控對象」。「輸入」是手機的位置，「控制器」（你的大腦）會指揮「受控對象」（你的手部），讓受控對象的「輸出」（手部的位置）達到目標（手機的位置）。

在現實生活中，圖 9-1 中的這種簡單的系統並不常見，大部分控制系統都存在一條回饋通道。圖 9-2 顯示了一個帶回饋路徑的控制系統。受控對象的輸出會經過回饋路徑產生「回饋」，得到的回饋會和「輸入」一起輸入控制器。

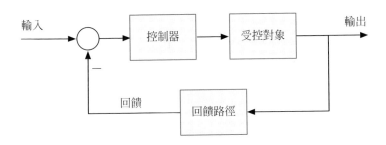

圖 9-2　帶回饋路徑的控制系統

　　再以拿手機爲例，我們用圖 9-3 表示。在你拿手機的過程中，你的眼睛會不斷觀察手的位置。眼睛就是這條回饋路徑，在此一控制系統中，它將「輸出」（手當前的位置）作爲「回饋」送入大腦。更具體一點，大腦會基於「輸入」（手機的位置）和當前的「回饋」（手的位置）的差距來控制手部動作。

　　一開始，手機的位置和手的位置差得很遠，大腦會讓你把手迅速伸過去，同時不斷測量距離。隨著距離漸漸縮短，大腦會控制手部速度，讓它不斷下降，並在到達手機所在的位置後停下來。

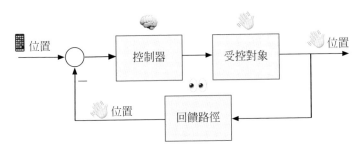

圖 9-3　帶回饋路徑的控制系統（拿手機）

　　比較圖 9-1 中沒有回饋路徑的系統和圖 9-2 中帶回饋路徑的系統，便能看出回饋的作用。

　　如果一個系統沒有回饋，從開始到受控對象產生預期輸出的過程中，控制器並不接收任何關於受控對象實際輸出情況的資訊，如此一來，控制器需要在一開始時，就設計一套完美的控制方法讓受控對象執行。控制器要完全按照預期執行，執行過程中也不能有任何干擾，這樣受控對象才能到達目標。換言之，控制過程中任何的外界干擾或受控對象發生任何變化，都會讓最後的結果不符預期。

　　在剛才拿手機的例子中，用沒有回饋的系統拿手機的效果，就像讓你看了一眼手機的位置後閉著眼睛拿手機。雖然你知道手機的位置，並且大腦中構思了一套控制手部肌肉的策略，但是在伸手的過程中，只要有任何外界干擾或者肌肉控制出現任何偏差，你就有可能無法拿起手機。

　　在存在回饋的系統中，你的眼睛會時刻監督手部位置，並根據手機的位置不斷調整手部位置。即使肌肉控制出現偏差，或者你的手抖了一下都沒關係，你的回饋會讓你隨時做出調整，最終讓你的手順利拿到手機。

　　這就是回饋的作用之一。**回饋讓系統具有了容錯性和穩健性。運用回饋，你不需要精確的預先設計，只需要隨時觀察實際情況，並不斷根據實際情況與目標的差距進行調整，就能達成目**

標。

　　回饋不僅可以說明一個系統實現預先設定的目標，當系統達成目標後，即使系統受到外界的干擾，回饋也可以說明系統重新恢復穩定狀態。比如不管外界溫度如何，人類的體溫都維持在37℃左右。

　　究其原因，也是因為人體有一個具有回饋功能的溫度調節系統，該系統的理想輸入是37℃。一個人進入一個很熱的房間，就相當於外界對他的體溫進行干擾，他的皮膚溫度會上升。然後他的皮膚會把這個回饋輸入控制器（大腦），大腦會根據「輸入」（理想的37℃）和「回饋」（實際溫度）之間的差距，啟動一系列措施。例如，皮膚的汗腺開始排出汗液，因為汗液蒸發有助於散熱；皮膚的血管會擴張，這使得血液大量流入皮膚，體內溫度下降。經過這樣的「輸出」，體溫仍然會保持在37℃左右。

　　同樣，一個人在進入一個寒冷的冰窖後，身體也會經歷類似的過程，體溫仍然會保持在37℃左右。

　　通常，「輸入」和「回饋」之間的差距決定了反應的大小。差距越大，反應就越大。

　　大自然也會借助回饋來調節生態平衡。例如，大草原上有植被和兔子，當大草原已達到平衡狀態後，植被和兔子的數量會呈穩定狀態，大自然也會有相應的回饋機制維持這個穩定狀態。

　　例如，某一年氣候適宜，雨水豐沛，植被的數量增多。這時

兔子的口糧充足，就會生出更多的兔子，兔子會吃掉更多的植被，植被的數量就會減少。植被的數量減少後，兔子的數量也會減少，這減輕了植被的壓力，植被的數量得以恢復，也就維持了生態平衡。

　　上文的拿手機、調節人體體溫、調節生態平衡這幾個例子中的回饋都屬於「**負回饋**」。所謂負回饋，就是把目標（輸入）和現實（也就是回饋）的差距作為控制器的輸入。當前目標和現實的差距越大，控制器的輸入越大，控制力度越大；當前目標和現實的差距越小，控制器的輸入越小，控制力度越小。這樣反覆調節，最後讓系統的輸出滿足目標。

　　以目標和現實的差距為驅動力，是負回饋的核心。

　　關於如何利用這個驅動力，控制系統中有不同的策略，其中應用最廣的策略是 PID（比例—積分—微分）控制。

　　比如，一個人要透過跑步來減重，他設定的目標體重是 65公斤，並且每天藉由測體重來回饋。他制定了一項策略：把目標體重和當前體重的差距乘一個比例係數，將結果作為當天的跑步圈數。例如，當前體重 85 公斤，距離目標體重 65 公斤差了 20公斤，若比例係數設為 0.5 那麼當天就要跑：

$$0.5 \times (85-65) = 10 \text{（圈）}$$

　　依此類推，如果某一天他的體重變為 75 公斤，那麼按照這

個策略他當天應該跑 5 圈。

　　把目標和現實的差距乘一個比例係數，將結果作為控制器的輸入，這就是「比例控制」。

　　比例控制是現實生活中最常用的一種控制。例如，我喜歡藉著喝咖啡保持清醒。作為喝咖啡的人，我在頭腦中對喝完咖啡的精神狀態有所期許。當我覺察到實際狀態與期望狀態之間存在差異時，我會基於差異大小決定攝入多少咖啡，以此讓自己的實際狀態達到預期水準。我攝入的咖啡量與我的實際狀態與期望狀態之間的差距成正比：差距越大，我攝入越多的咖啡，反之就少攝入一些。我們在洗澡時藉由轉動熱水閥來調節水溫的行為，也應用了比例控制。首先，你有一個期望的水溫，這個水溫是讓你感到舒適的溫度。當你發現當前的水溫比你期望值更低時，你就會調大熱水閥，而且當實際水溫與你的期望差距越大，熱水閥就會開得越大；差距越小，熱水閥開得越小。

　　但比例控制也有缺點。比如前述跑步瘦身的例子；如果一個人在體重到了 66 公斤之後每天只跑半圈，這種運動量幾乎沒有瘦身效果，這會導致他永遠也無法達到預設的 65 公斤目標體重。這個例子說明，比例控制可能有缺陷，尤其是在目標和現實差距不大時，會出現動力不足的情況。

　　這時候應該怎麼辦呢？仍以跑步為例；一個好的方法就是把過去一段時間（例如一週）目標體重和實際體重的差距累計起

來，作爲確定當前訓練量的依據。例如，如果一個人上一週體重
一直維持在 66 公斤，一週內每天的實際體重和目標體重總是差 1
公斤，那麼一週的累積差距就是 7 公斤。同樣設置一個係數 0.5，
那麼這個累積的差距乘上該係數，就是這一週第一天鍛鍊時的訓
練量：

$$0.5 \times 7 = 3.5（圈）$$

　　用過去一段時間的差距的累積來進行決策，就是「積分控
制」的核心思想。我們可以看出，**比例控制考慮現在的差距，而
積分控制考慮過去一段時間累積的差距**。很多情況下，這兩種策
略是一起用的，這種控制策略被稱爲「比例積分控制」。

　　比例積分控制仍有不足之處。好的控制還應考慮未來的趨
勢。繼續以跑步爲例；如果你發現按照比例控制計算得到的每天
跑步的圈數，讓你在最近一段時間內體重下降過快，那麼你不應
該等到一段時間後、你的體重下降很多時，才利用比例控制減少
運動量，而應在觀察到這個趨勢時，就立刻減少運動量。

　　與此類似，如果你發現當前的訓練強度不但沒有使你的體重
下降，反而略有增加趨勢時，同樣不應該等到你的體重已增加很
多時，再利用比例控制增加運動量，而應在觀察到這個趨勢後迅
速增加運動量。

　　這種利用未來的趨勢提前調整控制量的方法，就是「微分控

制」的核心。

　　總之，**比例控制著眼當下，積分控制總結歷史，而微分控制判斷未來**。在結合了比例、積分、微分這三種控制策略之後，大多數情況下我們都可以很好地實現目標，這就是強大的PID控制。

正回饋

　　上一節講的回饋屬於負回饋，我們知道了負回饋的作用，也知道負回饋會使一個系統變得穩定。輸入過多，負回饋就會削減一點；輸入過少，負回饋就會補充一點。

　　在控制系統中還存在一種回饋，即「正回饋」。這裡的「正」不是指「正能量」或者「好」，而是指「增強、增加」。在我們之前介紹的負回饋系統中，「輸入和回饋之差」會輸入控制器；而在正回饋系統中，「輸入和回饋之和」會輸入控制器。圖 9-4 就是一個正回饋系統，注意系統中的「＋」號。

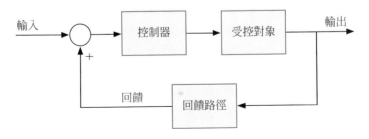

圖 9-4　帶正回饋路徑的控制系統

　　不難看出，當一個系統存在正回饋迴路時，回饋越大，控制器的輸入就越大，受控對象的輸出越大，產生的回饋也越大。所以正回饋迴路也叫自增強迴路，它的作用是像「滾雪球」一樣不斷放大、增強原有的發展態勢，自我強化。

　　正回饋有一個被人所熟知的例子，即連鎖反應。核分裂中的正回饋造成了連鎖反應：當 1 個中子撞擊鈾原子核後，原子核衰變產生 3 個中子，這 3 個中子撞擊鈾原子核後又產生 9 個中子，然後 9 個中子撞擊鈾原子核後又產生 27 個中子，這樣反應下去就產生了巨大的能量。

　　控制系統特別易受正回饋影響，正回饋迴路在系統中會導致系統崩潰；而生活中的正回饋有好有壞：有可能是一個惡性循環，像脫韁的野馬一樣造成巨大的破壞，甚至帶來毀滅；也可能是一個良性迴圈，帶來快速增長。

　　先來舉幾個壞的正回饋例子。

例子 1：嘯叫

　　小至多媒體教室裡，大至劇院的擴音系統中，經常都會出現嘯叫。嘯叫就是因正回饋而產生：人說話的聲音經過擴音器，被揚聲器放出來，這個放大的聲音會進入話筒，再次被放大，揚聲器發出更大的聲音再次進入話筒，聲音在正回饋中不斷被疊加放大，產生嘯叫（見圖 9-5）。

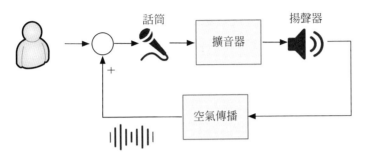

圖 9-5　嘯叫的產生

　　在自然生態系統中，當一個湖泊受到的汙染超過其自身恢復能力的極限後，湖泊裡的魚會大量死亡，死魚腐爛後又進一步加重汙染，並使更多的魚死亡。這樣湖泊就會徹底變成一潭死水，形成一個壞的正回饋。

　　在情緒失控狀態下吵架也是一個壞的正回饋：甲乙兩個人吵架，甲很生氣，提高了嗓門，乙隨即也提高嗓門，這會導致甲再次提高嗓門，兩個人的聲音越來越大，然後甲會憤怒地推乙，乙可能會用更大的力度去推甲，最後兩人的衝突走上失控。

　　破窗效應也是一個壞的正回饋，它是指某一個建築如果一開始有幾扇窗戶破了，並且得不到及時維修，別人就可能會打碎更多窗戶。與此類似的，如果一面牆上出現一些沒有被清洗掉的塗鴉，那麼很快的，牆上就會布滿更多亂七八糟的塗鴉。千里之堤之所以會潰於蟻穴，也是因為正回饋的作用。

　　有壞的正回饋，自然也有好的正回饋，我們來看以下例子。

例子 2：微軟和蘋果是如何成功的

比爾・蓋茲在《擁抱未來》一書中，詳細地介紹了微軟的 MS-DOS 系統如何打敗其他作業系統成爲業界標準。在 MS-DOS 系統剛剛推出之際，市場上還有包括蘋果系統、UNIX 系統等作業系統，爲了打敗這些競爭物件，微軟找到了一個正回饋迴路：營造一個生態。

微軟首先把 MS-DOS 系統的價格壓到最低。此外，他們還同當時最大的電腦硬體廠商 IBM 簽訂協定，讓 IBM 在其銷售的電腦中使用 MS-DOS 系統，好讓更多的人使用 MS-DOS 系統。微軟還會幫別的公司編寫以 MS-DOS 系統爲基礎的軟體。

於是，MS-DOS 系統迅速被很多使用者接受並使用。此外，在微軟的帶動下，開始有第三方應用程式開發者爲 MS-DOS 系統編寫應用軟體，用戶使用該系統時，就可以獲得更高的價值，也就會有更多的人購買 MS-DOS 系統。MS-DOS 系統的使用者增多，就會有更多的第三方應用程式開發者爲 MS-DOS 系統編寫應用軟體，從而又再促使他人購買，這就形成了正回饋。這讓 MS-DOS 系統打敗所有其他對手，成爲業界標準。

與 MS-DOS 系統相比，市面上其他的作業系統失敗的原因之一，就是生態構建得不夠好。這些作業系統的相容性不如 MS-DOS 系統，用戶數量少，開發門檻高，缺少第三方應用程式開發者爲其編寫應用軟體，沒有形成正回饋。

　　賈伯斯回歸蘋果後，接連推出包括 iPod、iPhone、iPad 在內的多款產品。在這些產品得到市場認可後，賈伯斯也注意到了蘋果的生態問題。之前蘋果推出的產品在技術上都保持一定的封閉性，而在 2008 年，蘋果開始主動做出改變。2008 年 3 月，蘋果對外發布了針對 iPhone 的轉體開發套件供人們免費下載，以方便第三方應用程式開發者針對 iPhone 開發應用軟體。同年 7 月，蘋果的 App Store 正式上線。2011 年 1 月，App Store 擴展至蘋果電腦（Macintosh, Mac）平臺。

　　App Store 讓第三方應用程式開發者銷售自己爲蘋果產品開發的應用軟體。這不僅滿足了蘋果使用者對各種個性化軟體的需求，也讓第三方應用程式的開發者獲得了利潤。這樣，這些開發者參與開發的積極性空前高漲，也進一步滿足了蘋果用戶的需求，使更多的人願意購買蘋果的產品，同時帶動了更多的開發者開發蘋果產品的相關軟體。正回饋機制得到建立，蘋果的硬體、軟體進入了一個高速、良性發展的軌道。

　　有人會問，現實生活中的正回饋最後會不會導致出現輸出無限大的情況？

　　很顯然不會。在現實生活中，正回饋不會讓輸出無限大，因爲資源是有限的，在資源有限的環境中，沒有任何一個物理系統可以永遠成長。

　　核反應爐或原子彈中的連鎖反應威力再強大，其使用的核燃

料也終將耗盡；再熱銷的新產品，也總會有面臨市場需求飽和的一天；再蓬勃發展的經濟，也將受到實體資本、金融資本、勞動力、資源或汙染等諸多條件的限制。

微軟和蘋果的例子也是如此。世界上的用戶是有限的，當某個產品占領了大部分市場後，指數級成長的模式必然無法一直維持，成長會越來越難，最後達到一個相對的穩定狀態。

好壞正回饋的一線之隔

從上文的例子中可以看出，很多事情要想做好，需要找到一條好的正回饋迴路，這樣一旦進入正回饋的軌道，事情的發展就會突飛猛進。**真正的高手，都會用好的正回饋提升自己。**

如果你剛進入一家公司，主管給了你一項任務，你做得很好，那麼主管就會給你更多機會，這樣你就容易走上一條好的正回饋之路：工作做得出色，主管給你更多的機會，你得到了更多的鍛鍊，工作做得更好，主管給你更多的機會。

又比如，有的人透過社群平臺發表文章，逐漸養成了寫作的習慣，這也形成了一條好的正回饋之路：每次在社群發表文章後，透過評論區的按讚、評論和鼓勵，他能感受到文章的價值，充滿了成就感。這種外部激勵會推動他不斷寫作，他的寫作手法會越來越成熟，思維深度也會不斷提高，寫得越來越好，從而獲

得讀者更多的正面評價，這樣就進入了好的正回饋迴路。

回到開頭講的跑步的例子，我那位同事在跑步方面同樣形成了一個好的正回饋：他體重減輕、體能提升，能跑得更遠，體重進一步減輕、體能進一步提升，最終能跑 30 圈。

可是，當你發現某件事情存在一個好的正回饋時，往往也存在一個壞的正回饋。很有意思的是，**好的正回饋和壞的正回饋之間往往只有一線之隔。**

比如，你在進公司之初，把主管給你的幾個任務弄砸了，就很容易走上一條壞的正回饋之路；如果發表的文章反應不好，那麼很容易導致難以堅持寫作，寫作的水準自然得不到提高，最後的結果就是放棄寫作。

很多人之所以不能堅持跑步，同樣是因為正回饋：體重很重，跑步很累，因此經常偷懶，不願意跑步；體重更重，更不願意跑步，一段時間過後，估計就放棄跑步了。

總結

從上面的幾個例子中可以看出，在很多情況下，好的正回饋和壞的正回饋在開始時往往只差一點點。可就是這一點差別，最後造成的結果天差地別。

想讓飛輪轉動，在最開始時需要花費很大的力氣；想要形成好的正回饋，往往也是在初期最需要花精力。就像我那位跑步的同事一樣，在剛開始鍛鍊的一段時間，他靠著毅力咬牙堅持，讓自己進入了一個好的正回饋迴路。

因此，在做事情時，我們首先要能夠敏銳地找到某些好的正回饋，並且在初期用自己的毅力來堅持、忍耐，有時候也可以借助外部力量來幫助自己，一旦飛輪動起來，好的結果自然就水到渠成了。

第 10 章
什麼才是好的設計？
── 好的 UI/UX 都看重基準

如何用筷子夾豌豆？

我岳父很喜歡做一道叫炒三丁的菜，這道菜把馬鈴薯、胡蘿蔔丁和豌豆放在一起炒。我三歲的女兒很喜歡吃這道菜，但是因為馬鈴薯、胡蘿蔔丁、豌豆都比較小，她雖然會用筷子，但在夾這道菜時仍然很費勁。我們也嘗試過教她如何用筷子夾起這樣小小的豆丁，但是訓練了很多次她的進步都有限。

後來每次吃這道菜時，我們索性就幫她多準備一支湯匙。用湯匙吃這道菜更方便，她也能輕鬆地用湯匙來吃這道菜了。

那麼這個故事帶給我們什麼啟發呢？這個啟發和設計有關。

什麼是好的設計？

前述故事中，我們的任務是讓我女兒方便地吃到炒三丁。而這個任務可分成兩個階段：

第一階段，選擇合適的餐具。

第二階段，讓她在使用這個餐具方面接受適當的訓練。

這兩個階段哪個更重要？從故事來看，在第一階段中選擇合適的餐具比第二階段的訓練更重要。選擇湯匙，不必訓練就可以很好地完成任務；選擇筷子，訓練再久任務也完成得不夠好。

那麼在這個任務中，為什麼湯匙比筷子更好？

因為湯匙考慮到了炒三丁的特點：湯匙可以很容易地盛起這些小丁和豌豆。

而筷子雖然可以夾起大部分菜餚（通用性很好），但是在夾起豆丁這個任務上，湯匙的表現更好。

所以，從這項任務的特點出發，我們應該選擇湯匙，然後讓我女兒在此基礎上稍加訓練，這樣她就可以很好地完成任務了。

不僅是前述故事，很多設計過程都可以分成：設計合適的基礎和根據基礎進行適當的升級這兩個階段。

和吃炒三丁一樣，好設計的核心在於第一階段：設計合適的基礎。只有將基礎設計好，第二階段的表面升級才會有事半功倍的效果。

如果把主要精力放到第二階段，在設計基礎時馬馬虎虎、草率了事的話，那麼即使在第二階段花再多的功夫，往往也只能事倍功半。

如何設計一把錘子？

在與電腦相關各領域的科學研究中，數學被大量使用。此一事實的表現之一，就是研究人員會有意識地對任何問題進行公式化描述。

什麼是公式化描述呢？舉個例子——這裡面要涉及一些數學知識，如果你覺得它實在難以理解，可以直接跳過。

我想把釘子釘進地板，現在打算設計一把錘子，讓一個人在完成這個任務時耗費的能量最小。

公式化描述把這個問題變成一個數學問題。我們知道耗費的能量和人做的功有關，因此首先要計算出一個人把釘子敲進地板時所做的功到底是多少？

我們假設錘子的品質為 m，每次敲擊錘子時，錘子最後落在釘子上的瞬間速度為 v。人每次從舉起錘子到敲擊釘子為止的過程中做的功為 W，W 和錘子的品質 m，以及錘子敲擊釘子的速度 v 有關，根據動量定理，我們有：

$$W = \frac{1}{2}mv^2$$

我們來看看每敲擊一錘子，人做的功 W 能讓釘子進去多少。釘子進入地板，需要克服阻力做功。根據功的定義：

$$W = F\Delta x \qquad (10.1)$$

其中 F 是錘子對釘子施加的作用力，可以看成釘子進入地板時受到的摩擦力，而 Δx 是在克服阻力時釘子移動的距離。注意，摩擦阻力 F 是隨著釘子進入地板的長度增加而增加的（釘子進入越深，受到的阻力越大）。

假設第一次敲擊後，釘子進入地板的長度為 x_1（見圖 10-1）。釘子剛剛接觸地板時受到的摩擦力為 0，而進入 x_1 長度時受到的摩擦力為 kx_1 其中 k 是摩擦係數，與地板的材質與釘子的光滑程度有關。那麼在這個過程中，釘子平均受到的阻力為：

$$F = \frac{1}{2}kx_1$$

這樣，根據公式（10.1），第一次敲擊後錘子對釘子做的功就可以寫成：

$$W = F\Delta x = \frac{1}{2}kx_1 \cdot x_1 = \frac{1}{2}kx_1^2 \qquad (10.2)$$

因此，當這一次人做了 W 的功時，會使釘子進入地板的長度為：

$$x_1 = \sqrt{\frac{2W}{k}} \qquad (10.3)$$

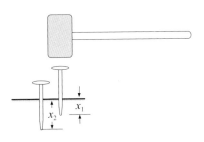

圖 10-1　鐵錘敲釘子

　　第二次再錘釘子時，我們假設人以同樣的速度揮動錘子，那麼人對錘子做的功 W 不變，在這種情況下，假設釘子的深度從 x_1 達到了 x_2，此時釘子進入地板的長度爲 $\Delta x = x_2 - x_1$，其間受到的平均阻力爲 $F = \dfrac{1}{2}k(x_1 + x_2)$。那麼這次敲擊後，錘子對釘子做的功就可以根據公式（10.1）寫成：

$$W = F\Delta x = \frac{1}{2}k(x_1 + x_2)(x_2 - x_1) = \frac{1}{2}k(x_2^2 - x_1^2)$$

因此，當這一次人做了 W 的功時，釘子進入地板的長度爲：

$$x_2 = \sqrt{\frac{2W}{k} + x_1^2} = \sqrt{\frac{4W}{k}}$$

以此類推，我們可以知道，在第 n 次敲擊以後，釘子可以達到的深度 x_n 爲：

$$x_n = \sqrt{\frac{2W}{k} + x_{n-1}^2} = \sqrt{\frac{2nW}{k}} = v\sqrt{\frac{nm}{k}} \qquad (10.4)$$

　　有了這個算式以後，我們就可以對錘子進行升級了。我們假設一個人每次揮動錘子的速度固定為 v，釘子的長度為 L，把釘子完全釘入地板需要敲擊 n 次，那麼 n 對應的 x_n 需要滿足：

$$x_n \geq L$$

　　注意，x_n 的運算式由公式（10.4）決定，這是要滿足的限制條件。在該限制條件下，我們需要讓人做的總功最小。人揮動 n 次錘子，做的功總量為：

$$W_{總} = nW = \frac{1}{2}nmv^2$$

　　這樣，我們就有了一個對整個問題的公式化描述：

$$\min_m \quad W_{總}$$
$$\text{s.t.} \quad x_n \geq L$$

　　這個運算式的意思是，在滿足 $x_n \geq L$ 這個限制的條件下，我們要找到一個最優的錘子品質 m，讓最後的做功總量 $W_{總}$ 最小。

　　將公式化描述展開，可以寫成：

$$\min_m \quad W_{總} = \frac{1}{2}nmv^2$$
$$\text{s.t.} \quad v\sqrt{\frac{nm}{k}} \geq L$$

　　注意到，我們假設人揮動錘子的速度 v，以及釘子的摩擦係數 k 都是常數。這樣，第一道公式有我們需要升級的變數，即錘子的品質 m，還有一個附屬的需要決定的變數，即敲擊次數 n。

我們需要找一個最佳的品質 m，在滿足 $v\sqrt{\dfrac{nm}{k}} \geq L$ 的條件下，讓 $\dfrac{1}{2}nmv^2$ 最小。那麼該如何找到呢？

首先，我們把 nm 放在一起，根據限制條件，可以知道：

$$nm \geq k\frac{L^2}{v^2}$$

因此 $W_{總}$ 一定滿足：

$$W_{總} = \frac{1}{2}nmv^2 \geq \frac{1}{2}kL^2$$

所以，人把一根長為 L 的釘子敲擊進地板時，做的最小的功就是 $\dfrac{1}{2}kL^2$，這發生在 $nm = k\dfrac{L^2}{v^2}$ 的時候。

因此，我們可以發現，只要設置其中 n 為任意整數，那麼最後所消耗的能量就可以達到最小，這個最小值為：

$$E_{總} = \frac{1}{2}kL^2$$

從上面的推導可以看出，要想公式化描述問題，就需要有一個或多個升級目標（這個例子裡是人消耗的總能量），以及被升級的變數（這個例子裡是錘子的品質）。

透過這種方法，我們設計了一把最棒的錘子。

但是，往往被大部分人忽略的是，公式化描述只是對某個參數進行了升級，這只是設計的第二階段，而**第一階段「選擇錘子」對這個任務來說才是最重要的。**

如果你選擇的工具不好，比如你選擇一根木棍、一把斧頭或一支扳手來敲釘子，那麼在使用這些工具的基礎上，即使公式化描述做得再好，升級到極致，也只能產生事倍功半的效果。

此外，上述的公式化描述對錘子進行升級的程度是有限的。

第一，升級是基於大量假設實現的。這些假設包括：①使用不同品質的錘子時，人們每次敲擊的速度 v 都一樣；②每次敲擊都正好可以敲到釘子上等。這些假設在現實中並不完全成立。

第二，升級只針對錘子的品質這一方面。而錘子最重要、最實用的特點，包括錘頭的形狀、大小，錘柄的形狀等，無法透過升級實現。

第三，在很多情況下，升級帶來的提升並不大。在這個例子中，當 m 不按照這個最佳值來設計時，最差情況下多耗費的能量 $\frac{1}{2}mv^2$ 很小，就是多敲擊一次的能量。

簡單來說，**我們用了那麼多篇幅、透過這麼多公式推導進行的升級，其實沒那麼重要，很多情況下，第二階段「升級」的重要性都不如第一階段的「選擇」。**

如何設計一口電鍋？

多年前我讀大學時，修了一門名為「單晶片原理」的課。當時有一項課後作業，是自行模擬設計智慧電鍋，並且寫出對應的

單晶片控制程式。

　　我當時這樣設計電鍋：用一個溫度感測器測量電鍋的溫度，然後透過單晶片讀取溫度，借助控制繼電器控制加熱電源的開關，從而控制電鍋的溫度。

　　煮米飯這件事應該存在一條理想的溫度曲線。例如，加熱時升溫的幅度，水開後持續保溫多久等。我為單晶片精心設計了一個控制演算法，單晶片會根據當前測量到的溫度和理想溫度之間的差距，控制繼電器的開關。

　　考慮到鍋裡加入不同重量的米後，對應的理想溫度曲線應有所不同（放的米多，米更重，加熱時間應該更長），我還增加了一個重量感測器，單晶片會根據重量選擇合適的理想溫度曲線作為參考。設計完成後我很滿意，感覺我設計了一口理想中的電鍋。

　　然而，當時的我沒有仔細思考家裡的電鍋究竟是怎樣的構造。那時候的電鍋根本不存在「溫度感測器＋重量感測器＋單晶片控制」這種模式，但似乎也很好用：不管這次米加了多少，水量是否合適，似乎每次都能把飯煮好。

　　那麼這種電鍋的基礎設計是怎樣的呢？

　　要知道，把飯煮好的關鍵就是把鍋裡的水煮乾，並且在鍋裡的水煮乾後停止加熱，否則就煮糊了。

　　當時的電鍋僅用了一塊磁鋼就實現了這個看似複雜的功能。

磁鋼有一個特性，它在溫度達到 103℃左右會失去磁性。電鍋的鍋底有一塊磁鋼，按下煮飯開關時，磁鐵的吸力使電源保持連通狀態，持續加熱。煮米飯時，鍋底的溫度不斷升高，直至能使水沸騰的 100℃。但只要電鍋裡還有水，電鍋的溫度就不會高於 100℃。一旦電鍋裡的水煮乾了，溫度就會繼續上升。當鍋底達到 103℃時，磁鋼失去磁力，切斷電源。此時電鍋發熱板的餘溫會再持續加熱一段時間，直至米飯熟透。

這個方案完美地利用了「磁鋼在 103℃左右失去磁性」，以及「水的沸點為 100℃」的物理特性，顯然要比我之前設計的「溫度感測器＋重量感測器＋單晶片控制」這個方案更簡單、經濟。

當然，這種設計也有很多可以升級的空間。例如，為了實現保溫功能，很多電鍋會增加一個由雙金屬片組成的恆溫器；為了增加定時功能，很多電鍋還安裝了計時器。在結構上，很多電鍋也改進了設計，從原來的直接加熱，改成了間接加熱，這不僅使加熱變得更均勻，也讓內膽可以拆卸，便於清洗。

我們來總結一下。在設計一款電鍋時，我採用的基礎設計是「溫度感測器＋重量感測器＋單晶片控制」，並且在這個基礎設計上，為單晶片設計了升級的控制演算法。

而實際使用的電鍋，其基礎設計則是利用磁鋼進行溫度控制，並在此基礎上陸續增加了保溫功能、定時功能等。

在實用性、價格、穩健性方面，無論我的單晶片控制演算法做得多麼先進，我的方案都不如實際市面上通用的電鍋方案。因為後者完美地結合了磁鋼的物理特性和做飯的需求。

這就是基礎設計的重要性。基礎設計方案做得不好，即使表面升級做得再好作用也不大。

如何解決取票時忘了帶走身分證的問題？

坐過高鐵的人應該都有過在自動取票機上取票的經歷。取票會用到身分證，而有的人取完票會忘記把身分證帶走，有什麼方法能解決這個問題呢？

如果是一個學習過圖像和影片處理技術的人，很容易會選擇下面的方法來解決問題：在自動取票機上加裝一部攝影機，讀取攝影機的資料，並利用演算法來識別取票的人是否把身分證忘在自動取票機上。

這是基本的設計方案，在這個基礎上也可以升級具體的細節，例如提高影像處理演算法的精度和即時性，以及提高演算法的穩定性，還可以提高實用性等。例如當演算法檢測到一個人剛取完票離開，但忘了取回身分證時，就立刻透過語音來提醒他。

這是一個好的設計嗎？

我們來看看實際生活中的自動取票機是如何實現這一點的。

很多自動取票機把放身分證的位置設計成傾斜的，人們把身分證
放在相應位置進行驗證時，需要用手一直按住身分證，一旦驗證
完成，自然就會把身分證帶走了（見圖 10-2）。

　　這個設計極其簡單，但不得不說非常有效。

圖 10-2　高鐵取票機的設計

　　比起上面那個「攝影機＋演算法＋語音提醒」的方案，這個
方案在成本和實用性方面有卓越優勢，把人們的習慣、重力等因
素融入了設計基礎。而之前那個方案看似酷炫，但也只是看似酷
炫。好的設計，應盡量從設計的基礎去考慮任務的需求和特點，
而不是在升級的環節著墨。

總結

　　本章從如何吃炒三丁的故事中提出了「什麼是好的設計」這一問題。通常為了完成一個任務，設計會分為兩個階段：第一階段是設計合適的基礎，第二階段則是根據基礎進行適當的升級。

　　很多人都將精力集中於升級，設計了很多酷炫的升級方案，而對第一階段的基礎設計不夠用心。然而實際情況是，第一階段的重要性遠遠大於第二階段。在很多情況下，表面升級的作用是有限的，如果基礎設計不夠好，僅由表面升級堆起來的設計，就像一個不牢靠的空中樓閣，堆得很高，但一推就倒。

　　我們講了幾個例子，包括如何設計一把錘子、如何設計一口電鍋、如何解決取票忘了帶走身分證的問題等。這些例子都體現了基礎設計的重要性。

　　現實生活中還有很多類似的例子。比如，在拍電影方面，一個好的劇本就是基礎，而演員的流量和演技，攝影技巧、場景和道具等，都是表面的升級。如果劇本是空洞的，哪怕用最好的演員、最酷炫的特效，也製作不出一部好的電影。

　　設計的雛形往往決定了成敗。在一般的基礎上，哪怕進行大量的升級，也只能完成一個可用的設計。唯有找到最合適的雛形，才能完成一個卓越的設計。

────────── 第 11 章 ──────────

抓住本質，擺脫限制
── 模仿

本章要從玩具放大鏡說起，談談如何模仿。

玩具放大鏡

某個週日早上，我看見女兒拿起一只放大鏡在床上玩，而後突然覺得她手裡的放大鏡和我之前熟悉的那種似乎有些不同。這種放大鏡是用塑膠做的，比我常見的那種凸透鏡薄很多，並且表面上還有一圈一圈的同心圓。但是透過它看字，字確實被放大了不少。

後來我查了一下，才知道這就是菲涅爾透鏡。菲涅爾透鏡的形狀和凸透鏡有很大不同，為什麼也能放大呢？

從物理學的角度來講，要做到放大，只需要使平行射入的光線能聚焦在遠處某一點即可。傳統的放大鏡也就是凸透鏡，是靠玻璃形狀本身做到這一點的。以圖 11-1a 中的這個凸透鏡為例，

平行射入的光線經過透鏡的曲面後發生折射，並在某個交點彙聚，實現了放大。

這個過程中眞正起作用的僅爲凸透鏡彎曲的那面；而凸透鏡的其他部位，包括左邊的平面以及內部的區域，都是沒用的。既然這樣，我們可以直接去掉這些不改變光線的部分，保留曲面部分。這就形成了圖 11-1b 中的一片很薄且具有光滑曲面的凸透鏡。

我們可以進一步對這片凸透鏡進行改造。想使平行射入的光線聚焦，其實並不一定需要光滑的曲面，只要透鏡的曲面處曲率相等即可。這樣，只要將剩餘部分平移至透鏡底部（見圖 11-1c），它就變成了我女兒手裡的那個菲涅爾透鏡。和普通的凸透鏡相比，菲涅爾透鏡可以做得薄且輕，價格也更便宜。

a) 凸透鏡   b) 去掉凸透鏡無用的部分   c) 菲涅爾透鏡

圖 11-1

　　從一片普通的凸透鏡出發，一步一步去掉那些無用的部分，最後變成了一只具有相同功能，但在某些方面更優秀的菲涅爾透鏡。

　　在這個例子中，使平行射入的光線能聚焦在遠處一點，是放大的核心，凸透鏡是靠本身的玻璃形狀做到這一點的，但不意味著玻璃一定要呈凸透鏡的形狀，這就是不必要的限制。如果只是為了達到在遠處一點聚焦的目的，可以去掉任何不必要的部分，於是就產生了菲涅爾透鏡。

　　我們可以把菲涅爾透鏡看成是基於凸透鏡進行的模仿和改進。在現實生活中，基於已有的事物進行改造和創新是一種很常見的創新途徑。借助上面的例子來思考這種改進過程，就可以發現這樣的規律：**想透過模仿已有的某個事物進行創新，我們首先需要弄清事物產生作用的原理，知道哪些是關鍵因素，哪些是不必要的限制，然後把關鍵因素抽離出來，擺脫不必要的限制，就可以改進得更好。**

　　抓住本質，擺脫限制，這是透過模仿來創新所需要的重要思維。

飛機和蒸汽帆船

　　現實生活中有很多領域應用了這一創新思維。

　　比如，在飛機被發明之前，包括達文西在內的很多人都曾想模仿鳥類的飛行讓人類飛上天，而設計了很多模仿鳥類撲動翅膀的振翼式裝置，但無一例外都失敗了。因為和鳥類不同，人類的體重和胸肌的力量讓人類完全不能靠翅膀飛起來。

　　那我們是如何從鳥的飛行過程中得到啓發並發明飛機的呢？

　　鳥能夠飛起來的背後原理屬於空氣動力學，其關鍵之一是產生向上的升力。人們理解了空氣動力學就會發現，振翼可以提供升力，但這只是獲得升力的方法之一。這種方法對鳥來說是合適的，鳥有著輕盈的骨架、發達的胸肌和流線型的身體，但是對於人來說不合適。開創了空氣動力學的喬治・凱利（George Cayley）在弄清楚鳥飛起來的原因之後，就提出了透過固定機翼的形狀來產生向上升力的思路。後來經萊特兄弟的改進，人們終於實現了飛行的夢想。

　　這也用了「抓住本質，擺脫限制」的思路。我們想要透過模仿鳥的飛行來讓人飛上天，首先需要理解鳥的飛行原理，即空氣動力學；而根據空氣動力學，想飛行需要產生升力。

　　理解了空氣動力學可以發現，振翅飛翔只是產生升力的方式之一，這種方式適合鳥，但不適合人。

　　理解了原理，我們就可以擺脫「想飛翔一定要拍打翅膀」此一限制，從而設計出有固定機翼的飛機。利用機翼的形狀來產生升力，成功讓人類實現飛行的夢想。

　　我們還可以發現，「抓住本質，擺脫限制」這一思維通常貫徹先「由底往上」再「由頂往下」的過程。由底往上，是從現象中提煉出本質和原理；而由頂往下，是從本質和原理出發，結合實際，擺脫限制，設計出新的產品。

　　發明飛機的過程就是如此：我們首先觀察到鳥的飛行，理解其原理，並提出了空氣動力學。這是一個由底往上的抽象過程。而透過理解空氣動力學，我們擺脫了振翅的限制，設計出有固定機翼的飛機，這又是由頂往下的實現過程。

　　蒸汽帆船也是經過這樣的過程發明的。古代的帆船都靠人力划槳，後來人們發明了蒸汽帆船。最初，蒸汽帆船在行駛時直接模仿人的划槳方式，只是用蒸汽驅動划槳，但是人們很快發現，這種划槳方式的效率很低。要知道，人之所以適合用划槳方式來驅動船，是由人的身體結構和人在船上所處的位置決定的。由坐在船上的人來驅動船時，划槳可能是一種好的方式。

　　但是想讓船移動，本質上只需要提供將水向後推的力量。因此，對划槳方式的限制實際上是沒有必要的。

　　富蘭克林改進了蒸汽帆船，蒸汽帆船不再使用人類的划槳方式，而採用了螺旋槳（見圖 11-2），螺旋槳就是脫離了划槳這個限制而產出的設計。螺旋槳放置在水下會直接產生推力，並且在設計時以產生最大的推力為目標設計其外形。相較於由人划槳的方式，螺旋槳大大提升了動力的使用效率。

圖 11-2　用螺旋槳驅動的蒸汽帆船模型

　　可以看出，上文中用螺旋槳驅動蒸汽帆船的發明過程，也使用了「抓住本質，擺脫限制」的思維。

人工智慧的發展方向

　　2018 年的圖靈獎得主、AI 領域的標竿人物楊立昆（Yann LeCun）在多年前談及 AI 的發展方向時，說過下面這段話：

　　模仿自然是非常好的，但我們仍需要在模仿時去理解，哪些細節是重要的，哪些細節僅是自然演化的結果，或者是受生物、化學等條件限制得到的產物。

　　在飛行領域，人類發展了空氣動力學和流體力學，由此知道羽毛以及翅膀的搧動對飛行來說並不重要。

　　那對於 AI 而言，什麼是 AI 中的「空氣動力學」呢？

　　楊立昆的這段話，暗示了 AI 的發展方向可能不一定是單純

地模仿人類大腦的工作方式，因爲人類的智慧乃受當前人類大腦的工作方式的限制所產生。更重要的是，我們需要理解人類智慧、思維背後的核心因素，找到 AI 的「空氣動力學」，並結合電腦的特點，這樣才能有所突破。

研究生如何讀科技論文？

身爲老師，我發現很多碩士生和博士生在讀科技論文時，容易「被他人的論文牽引」。每每讀完後，只覺得別人說得很有道理，但並不能從中有所學習並推展自己的研究工作。

很多同學開玩笑地說，讀別人的科技論文有一個悖論：如果別人的論文方向和你的不完全一致，那麼這篇論文中的解決方法往往就不能給你提供幫助；而如果別人的論文方向和你的一致，並且提出的方法可以被你直接使用，那麼你的創新點又在哪裡？

所以，很多人的選擇是這樣的：選擇和自己研究的問題高度相關的科技論文，然後看看在這基礎上，自己有什麼可以改進的地方。然而，用這種方式寫出的論文的獨創性往往會大打折扣，因爲新論文的整體思路都與那篇舊論文相似，你的新論文只是在它的基礎上做了修補，創新是增量式的。

讀別人的科技論文本質上也是一種模仿，我們也可以用「抓住本質，擺脫限制」這個思維。

　　首先，在選取論文時，不一定要選擇和自己的研究方向完全一致的論文。其次，在讀他人的論文時，不僅要關注具體的技術細節，還需要仔細思考在這篇文章具體的技術細節背後，是否蘊含更高一層的思想和智慧。這就是之前提到的「由底往上」的抽象過程。

　　只要找到了這些思想和智慧，你就可以擺脫他人論文中具體場域的限制，然後根據你當前研究的問題的特點，對這些思想和智慧進行改進，並以此解決你的問題。這就是「由頂往下」的應用過程。用「抓住本質，擺脫限制」的思維來讀科技論文，就可以做到「把思想轉化，並為我所用」，基於這種思維產生的新論文的獨創性往往更強。

總結

　　本章談到了如何透過模仿其他事物來進行創新。

　　創新的有效途徑之一就是「抓住本質，擺脫限制」，並且通常要經歷一個先由底往上再由頂往下的過程。由底往上，是從事物的表面現象中提煉出本質，發現其核心原理，並且知道哪些是針對具體情況的一些限制。而由頂往下，是從本質和原理出發，擺脫不必要的限制，然後根據自己的情況進行升級，在仍然遵守核心原理的前提下，在自己的場域中做得更好。

第 12 章

夾娃娃機的致勝要訣
—— 大數法則

在開篇前，我要特別強調一點：賭博的危害很大，切勿沉迷。本書中僅用此例討論機率與演算法。

本章將從數學的角度來談談賭場莊家如何從賭客手中不斷賺錢。當你明白了這個道理，就會明白為什麼沉迷賭博的人最終總會傾家蕩產。此外，我們還會介紹一些從中得到的啟示。

大數法則

賭場的遊戲是由賭場莊家設計的，在設計每一個賭局時，一定會在機率上讓莊家比普通玩家多占一點優勢。

我們以輪盤為例（見圖 12-1）。輪盤賭博的玩法十分簡單：一個轉盤被分為 38 格，由玩家猜測射入轉盤的小球停在哪個格子，猜對了，賭場通常會以 35：1 的比率賠錢給玩家。也就是說，你押 1 元，如果押對了，那麼你不僅拿回這 1 元，而且莊家

還會再給你 35 元；如果押錯了，你就損失了你押的 1 元。

圖 12-1　輪盤

　　因為有 38 個格子，所以玩家猜中小球落在哪個格子裡的機率是 1/38。機率是一個數學概念，為了詳細說明「1/38」的機率到底是什麼意思，我們假設一個玩家玩了非常多次遊戲，然後對他的猜測結果是否正確進行統計。

　　因為玩家每次要麼猜「對」，要麼猜「錯」，所以我們直接把玩家每次的「對錯」進行排列，那麼最後可能是這樣的：

錯**對**錯錯錯錯**對**錯錯錯錯錯錯錯錯錯錯錯錯錯錯錯錯錯
錯錯錯錯**對**錯**對**錯錯錯錯錯錯錯錯錯錯錯錯錯錯錯錯錯
錯錯錯錯錯錯錯錯錯錯錯錯錯錯錯錯錯錯錯錯錯錯錯錯錯
錯錯錯錯錯錯錯錯錯錯錯錯錯錯錯錯錯錯錯錯錯錯錯錯錯
對錯錯錯錯錯錯錯錯錯錯錯錯錯錯錯錯錯錯錯錯錯錯錯
錯錯錯錯……

　　這些結果可能也只是一部分，如果玩家玩的次數足夠多（例如 1 萬次），統計這 1 萬次中「對」的次數占所有次數的比例，就會發現它非常接近 1/38。也就是 10000×1/38≈263（次）。這就是「1/38」這一機率的實際含義。

　　注意，上面的方法實際上統計了猜「對」的**頻率**。也就是說，在次數夠多的情況下，「出現某一個結果的頻率」等於「該結果的機率」。

　　在統計學中，有個名為「**大數法則**」的詞彙解釋了這一現象。大數法則是統計學的基石，它是指**只要一件事情發生的次數夠多，出現某一個結果的頻率就會等於其機率。**

　　我們注意到，大數法則的成立需要滿足「發生的次數夠多」此一條件。只有發生的次數夠多，統計出來的頻率才會等於機率；並且發生的次數越多，統計出來的頻率越接近機率。

　　來看一下玩家在玩的次數夠多的情況下的收益情況。假設他每次押 1 元，押了 1 萬次，那麼根據機率，他猜對的次數應該非常接近 263 次。由於每猜中一次會得到 36 元，所以他猜一萬次的收益大致為 263×36=9468（元）。

　　但因為他一共投入了 1 萬元，所以算下來他虧了大約 500 元。

　　注意，500 元雖然不多，卻是**穩定的虧損**。因為只要玩的次數夠多，猜對的頻率就會非常接近 1/38。這個機率下，每玩一局

下注 1 元，只有 1/38 的機率可以拿回 36 元，因此平均每局要虧：

$$1 - \frac{36}{38} = \frac{1}{19}（元）$$

這就是「久賭必輸」的數學原理。

我們可以看出，在設計遊戲時，莊家總會讓自己的獲勝機率比玩家高一點。這個優勢通常很小，為 5~10%。但是不要小瞧這一點點機率優勢。莊家在有這一點機率優勢的前提下，讓投注的次數變多。這樣一來，根據大數法則，莊家就可以穩定地賺錢了。

有人可能會問，我投注的次數並不多，為什麼大數法則還是能發揮作用呢？注意，雖然每個人投注的次數不多，可是到賭場投注的人很多；莊家不是和你一個人賭，而是和所有到賭場投注的人賭，所以在機率方面，所有人的投注都會被計算在內。這些投注次數加在一起，當然足以讓大數法則實現了。

因此我們可以知道，賭場最歡迎的，就是那些經常去玩的玩家。此外，賭場還會想方設法地增加投注次數。

夾娃娃機的發展

不僅賭場會利用大數法則穩定地賺錢，這種思想也已經迅速被不同行業的商家所利用，我們以夾娃娃機為例。

我上大學時也玩過夾娃娃機，和當前有三根爪的娃娃機不

同，我那時候的夾娃娃機只有兩爪。但是好處是，只要那兩爪把玩偶抓住了，通常就可以把玩偶夾出來。因此，戰績如何很大程度取決於玩家的技術。有經驗的人能夠找準位置下爪，經常可以夾起一大堆。我記得有一天晚上，我在某商場玩了一小時，夾了一袋子玩偶。

不過最近幾年，夾娃娃機升級了。首先爪子從兩根變為三根。但是這並非關鍵，最關鍵的是夾娃娃機的爪子的鬆緊規律變得可以設定了！例如，商家可以把爪子這一次夾緊的機率設成 1/10，這意味著平均每夾 10 次，爪子有 9 次會在升起來時鬆掉。如果你玩過夾娃娃機就知道，如果這次爪子是鬆的，那麼你幾乎不可能把玩偶夾出來。

就機率的設定這可說是革命性的發展，意味著商家擺脫了「玩家的技術」這個桎梏，直接在機率層面和玩家玩這個遊戲。

如果設定玩一局需要 2 元，每個玩偶的價格是 10 元，商家把爪子夾緊的機率設成 1/10，那麼玩家玩一局的平均損失就是 1 元。這同樣根據大數法則，玩家玩的次數越多，實際情況就越符合這個平均損失。

我們可以看出，夾娃娃機的商家同樣利用了「機率優勢」與「大數法則」。只要參與的人數夠多，他們就可以一直處於不敗之地。至少在我身上印證了這個改變。近十幾年，我夾起來的玩偶屈指可數，再也沒有重現多年前的戰績。

總結

那麼，從賭輪盤、夾娃娃機的例子中，我們能得到哪些對日常工作和生活有益的啟示呢？

第一，要努力提高你的基礎機率。

這一點非常明確。基礎機率作為核心，是達成目標的關鍵因素。

第二，如果你做成某件事的基礎機率較大，那麼重複的次數就是你最好的朋友，你需要盡量多次重複。

例如，你做自媒體，並想寫出 1 篇爆款文章。我們都知道很多情況下爆款文章可遇不可求，即使你的文章品質很高，也不能保證它會成為爆款。如果你的水準達到了平均 100 篇文章中能有 1 篇爆款文章，機率已經很高了，那麼此時你應該多寫。

為什麼？因為平均 100 篇文章中有 1 篇爆款文章是機率，不是實際發生的頻率。這不意味著你每寫 100 篇文章就一定可以有 1 篇爆款文章。根據大數法則，只有在你寫出足夠多的文章的情況下，頻率才能等於機率。例如你寫了 2000 篇文章，大概可以有 20 篇爆款文章。

所以，當你寫了 100 篇文章還沒有出現 1 篇爆款文章時，別氣餒。根據大數法則，這很正常，並不意味著你產出爆款文章的機率低於 1%。你應該堅持多寫，只要你水準達標，大數法則會

幫你的。

對於創業者來說也是如此。通常意義上，創業成功的機率很低，如果你本身的能力很強，又有資源，那麼你創業成功的機率就會比平常人更高。假設你創業成功的機率達到了驚人的 1/3，這並不意味著你創業 3 次就一定有 1 次能成功，大數法則告訴我們，只有你創業的次數達到一定值時，這個機率才能真實反映你的成功比例。

當前社會，我們可以看到很多有能力但屢屢創業失敗的人，請不要嘲笑他們的屢戰屢敗，雖然他們多次創業失敗，但這並不意味著他們成功的機率低。這些人可以多嘗試幾次，讓大數法則發揮作用。

第三，如果你的基礎機率比你的競爭對手低，那麼你應該進行如下思考。

先看看能不能提高基礎機率，如果不能（例如你是賭場的玩家），對你來說，最佳方案是不參與賭博，而是跳到另外一個從機率上來說對你有利的局裡。

第 13 章

「執兩用中」的智慧
── 最小平方估計

本章，要來分析孔子的一種思維方式及其背後的科學道理。

執兩用中

　　孔子非常推崇舜，在《大學・中庸》裡，孔子說：「舜其大知也與！舜好問而好察邇言。隱惡而揚善。執其兩端，用其中於民。其斯以為舜乎！」

　　孔子在這段話裡說到舜的一種決策方式。簡單地說，舜首先聽取各種言論意見（「好問而好察邇言」），然後在掌握兩種或多種不同主張的基礎上，綜合找到中間的方案（「執其兩端，用其中於民」）。

　　這段話中最有智慧的就是這一句話：「執其兩端，用其中於民」這就是所謂的「執兩用中」。孔子非常認同這種思維方式，他在《論語・子罕》中也說過類似能表達這種思想的話：「吾有

知乎哉？無知也，有鄙夫問於我，空空如也，我叩其兩端而竭焉。」（我有知識嗎？其實沒有。有個鄉下人來問我，我本來對於他所談的問題一點也不知道，但透過推敲問題的兩端後，我找到了答案。）這裡的「叩其兩端」和上面的思想相似。

在《論語・為政》裡，孔子提到：「攻乎異端，斯害也已。」（否定、批判不同意見，那就有害了。）

不管是「執兩用中」「叩其兩端而竭焉」，還是「攻乎異端，斯害也已」，都包含了一個智慧：

我們需要在了解各種不同的，甚至相反的意見之後才能提出方案，並且，我們往往只有在這些不同意見之間做出妥協後，才能得到最後方案。

孔子把這套思想運用得爐火純青。例如，道家和法家的思想對於治國來說，一個過鬆，一個過緊，這是兩個極端，所以孔子說：「政寬則民慢，慢則糾於猛；猛則民殘，民殘則施之以寬。寬以濟猛，猛以濟寬，政是以和。」因此，為政的關鍵，在於鬆緊適中。孔子稱這種鬆緊相濟所達到的適中狀態為「和」。

「執兩用中」告訴我們，解決問題時把握兩端，綜合找到中間的解決問題的方案才是常道。而一些思想如「過猶不及」等都已經化作成語，從文化層面深刻影響著每個人。

「執兩用中」在生活中隨處可見。例如，2021 年年初，新冠肺炎疫情在中國已經得到有效控制，在這一形勢下，有人主張復工復產第一，也有人主張疫情防控第一，事實上前者激進，後者保守。正確的做法是「執兩用中」：在加強防疫力度的前提下積極推進復工復產。

我們可以用一個數學概念解釋「執兩用中」的智慧，這個數學概念就是「最小平方估計」。爲了講清楚最小平方估計，得先從方程組說起。

無解的方程組眞的無解嗎？

我們在前文雞兔同籠的例子中分享了方程組。這類方程組有解，並且有唯一解。但現實中還存在另外一種情況：對於一個方程組，我們找不到一組可以滿足其中所有方程的解。

舉幾個例子，在小學課本裡我們學過，如果想精確地得出一個物體的長度，最好多測幾次然後取平均值。這種多次測量的過程實際上就是建立了一個方程組。

例如，我們對一個物體測了 4 次，長度分別爲 24.11cm、24.05cm、24.13cm 和 24.12cm。從方程式的角度來說，由於每次測量都是直接對該物體的長度（假設爲 x）進行的，因此這 4 次測量，實際上建立了一個關於引數 x 的方程組：

$$\begin{cases} x= 24.11 \\ x= 24.05 \\ x= 24.13 \\ x= 24.12 \end{cases} \tag{13.1}$$

顯然，我們找不到一個可以同時滿足該方程組裡所有方程的解 x。

另外一個例子是初中物理課本中測量彈簧彈性係數的方法。要想知道一個彈簧的彈性係數，需要在該彈簧下面吊掛重量不同的物體，然後量出彈簧每次被拉伸的長度。根據虎克定律，我們知道彈簧的彈性係數 k、施加的品質 m 和彈簧拉伸長度 Δl 之間的關係為：

$$mg = k\Delta l \tag{13.2}$$

其中 $g=9.8\text{m/s}^2$，是重力加速度。

嚴格來說，我們只需要做一次實驗：施加一次品質 m 以及測量彈簧相應的拉伸長度 Δl，就可以根據 $k=mg/\Delta l$ 求出彈簧的彈性係數 k。

但是通常我們對長度和重量的測量都存在誤差，因此為了準確得出某個彈簧的彈性係數，往往需要多次施加不同的重量，然後分別測量彈簧在這些重量下的拉伸長度。圖 13-1 顯示了在 5 種品質下彈簧的拉伸長度。

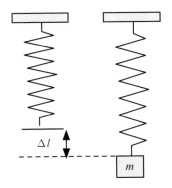

質量/kg	伸長/cm
0.5	2.00
1.0	3.90
1.5	6.10
2.0	7.88
2.5	10.00

圖 13-1　尋找彈簧的彈性係數

如果用方程組的思維來看，這 5 次測量實際上建立了一個關於引數 k 的方程組：

$$\begin{cases} 0.02k = 0.5 \times 9.8 \\ 0.039k = 1.0 \times 9.8 \\ 0.061k = 1.5 \times 9.8 \\ 0.0788k = 2.0 \times 9.8 \\ 0.1k = 2.5 \times 9.8 \end{cases} \qquad (13.3)$$

對這個方程組稍加整理，就可以得到：

$$\begin{cases} k = 245.00 \\ k = 251.28 \\ k = 240.98 \\ k = 248.73 \\ k = 245.00 \end{cases} \quad (13.4)$$

我們很容易發現，該方程組也是無解的。

以上方程組都只包含一個自變數，我們再來看看包含多個自變數的方程組的例子。

某公司 1 到 6 月的單月淨利潤分別為 10、11、15、19、20 和 25（以萬元為單位）。我們把每個月的利潤按照月分顯示在圖 13-2a 中。現在，我們想預測該公司下半年每月的月利潤，有一個方法是根據上半年每月的月利潤建立一個模型，然後根據這個模型進行預測。從圖 13-2a 中可以發現，該公司上半年每月的利潤都在穩定上升，圖中代表每月利潤的這些點好像在一條直線上。

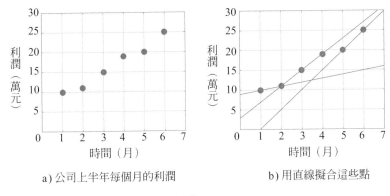

a) 公司上半年每個月的利潤　　　　　　b) 用直線擬合這些點

圖 13-2

　　因此，我們選擇直線模型，現在要找到這條直線的具體運算式。二維空間中一條直線的運算式為：

$$y = kx + b$$

　　這裡包含兩個未知的係數 k, b, x 是月分，y 對應月分的利潤，(x, y) 就是圖 13-2 中的每個點，其座標分別為（1, 10）（2, 11）（3, 15）（4, 19）（5, 20）（6, 25）。

　　簡單來說，我們要根據圖 13-2a 中的這 6 個數據點，找到兩個係數 k, b。這一過程同樣要建立一個包含 2 個未知數、6 個方程式的方程組：

$$\begin{cases} k+b=10 \\ 2k+b=11 \\ 3k+b=15 \\ 4k+b=19 \\ 5k+b=20 \\ 6k+b=25 \end{cases} \tag{13.5}$$

　　不難發現，這個方程組也是無解的，即不存在一組 (k, b) 能同時滿足這 6 個方程式。如果存在一組解可以滿足這 6 個方程式，就意味著在這條直線上可以找到這 6 個點，而從圖 13-2b 中可以看出，雖然某些直線上面有若干個點，但是找不到一條經過所有點的直線。

　　上面只是給出了 3 個例子。有工程經驗的人會知道，**方程式無解的情況在實際應用中經常出現，普遍程度和重要程度都遠遠超過有解的情況。**

　　這種情況之所以很常見，是因為在實際工程應用中，經常會碰到這一類的問題：為了知道某一組未知數 $X=[\,x_1, \cdots, x_n\,]$ 的值，我們需要從多個角度來觀測 X。每測量一次，都會產生一個關於 X 的方程式。並且在絕大多數情況下，為了消除雜訊的影響，我們測量的次數要遠遠多過 X 裡所包含未知數的個數。

　　此時，方程組通常就是無解的，即不存在一個可以完美地滿足所有方程式的 X。面對這種情況，怎麼辦呢？

第一種解決方案是刪掉一些方程式。例如方程組（13.5）中有 2 個未知數 k, b，所以我們只要刪掉方程組中任意 4 個方程式，就可以找到一組能完美地滿足剩下 2 個方程的（k, b）。

例如，我們刪掉方程組（13.5）中最後 4 個方程式，得到的方程組爲：

$$\begin{cases} k+b=10 \\ 2k+b=11 \end{cases} \tag{13.6}$$

這樣很容易就能找到滿足這兩個方程式的一組變數，即 $k=1$，$b=9$。這種方法可以幫助找到方程組（13.1）和方程組（13.4）的解。但是這樣做好嗎？你怎麼知道保留哪些方程式得到的解最好呢？舉個例子：如果把方程組中的每個方程式都當作一個觀點，那麼方程組的解就相當於這些觀點的交集。觀點在很多時候找不到交集也很正常，而我們透過刪掉某些方程式、找到一組能夠滿足剩下所有方程式的解的行爲，就好像直接忽視一些觀點，找到剩下觀點的交集一樣。

這種爲求完美，直接忽視一些觀點的解決方案，就是孔子說的「攻乎異端，斯害也已」。

那麼，我們應該怎麼做呢？我們可以從工程領域解決這一類問題的方案中得到啓發。

如果不存在能同時滿足一個方程組中所有方程式的解，那麼工程師和科學家的慣例，就是**找到一個「讓所有方程式的平均誤**

差最小的解」，這就是第二個解決方案。

我們以方程組（13.5）為例。現在我們的目標是找一組（k, b），將這組（k, b）代入每個方程式中，會讓方程等式左邊和右邊的誤差總體最小。

為了求出這組解，我們定義一個目標函數 J(k, b)，這個函數的運算式為：

$$J(k, b) = (k+b-10)^2 + (2k+b-11)^2 + (3k+b-15^2)$$
$$+ (4k+b-19)^2 + (5k+b-20)^2 + (6k+b-25)^2$$

（13.7）

注意方程組（13.7）中，等式右邊的第一項，就是方程組（13.5）中第一個方程式 $k+b=10$ 等式左右差距的平方。後面的每一項，都是方程組中某一個方程式左右差距的平方。我們的目標是找到一組（k, b），讓這個函數 J(k, b) 最好。

關於如何找到這一組最佳的解，只要稍微有一點微積分的知識，就可以知道最佳的（k, b）應該滿足使 J 關於（k, b）的偏導數為零：

$$\begin{cases} \dfrac{\partial J}{\partial k} = 0 \\ \dfrac{\partial J}{\partial b} = 0 \end{cases}$$

根據上面的這個方程組，我們可以得出最佳的 k=3，b=6.1。

圖 13-3 中的這條虛線，就是對應這組最佳的參數：

$$y = 3x + 6.1$$

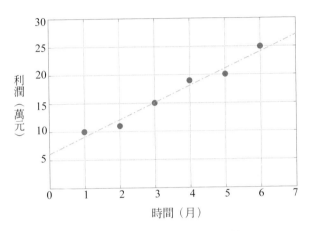

圖 13-3 透過微積分求得的直線

我們可以從圖 13-3 中直覺地看出，這條直線雖然不能經過所有的點，但是在平均意義上和所有的點最接近。這個解使所有方程組誤差的平方和最小，這就是「**最小平方估計**」的含義。

回到前文中測量物體長度的例子，來看看對於方程組（13.1），最小平方估計找到的解是什麼。按照最小平方估計的規則，我們定義目標函數 $J(x)$ 的運算式為：

$$J(x) = (x - 24.11)^2 + (x - 24.05)^2 + (x - 24.13)^2 + (x - 24.12)^2$$

$$(13.8)$$

最佳的解 x 滿足讓 $J(x)$ 導數爲零，根據 $\dfrac{\mathrm{d}J}{\mathrm{d}x} = 0$，我們得到

$$2(x-24.11)+2(x-24.05)+2(x-24.13)+2(x-24.12)=0$$

$$(13.9)$$

因此我們得到最後的 x 爲：

$$x = \frac{24.11+24.05+24.13+24.12}{4}$$

這就是我們所熟知的「多次測量取平均值」的方法。我們用最小平方估計，推導出多次測量取平均值的結果。換句話說，多次測量取平均值，**是用最小平方估計找到某一類特殊方程組之解的運算式**（方程的形式爲 $x=$ 常數）。

數學家從理論上證明，通過最小平方估計找到的解，在一般意義下，比那些完美滿足部分方程的解更接近眞實的情況。

最小平方估計和執兩用中

最小平方估計使整體的誤差最小，這就體現了本章第一節中所說的「**執兩用中**」。「執兩用中」告訴我們，在面對多方不同的訴求時不能走向極端，而要持中守正，權衡多方的利益，在多個訴求中找平衡。

在解方程式時，如果一個方程組無解，那麼我們有兩個選擇。

第一個選擇，找到一個**能完美滿足少數方程式的解**。這個解可以完美滿足某些方程式，但是在其他方程式中會讓方程式左右兩邊的誤差較大。

第二個選擇，找到一個**讓所有方程的平均誤差最小的解**。這就是透過最小平方估計得到的解，它可能無法滿足所有的方程式，但是這個解在所有方程式左右兩邊造成的誤差都不太大。**最小平方估計，就是解方程式時的「執兩用中」**。

無論是理論還是實踐都表明，第二個選擇求出的解是更好的。「對少量方程式的完美詮釋」和「對所有方程的不完美詮釋」其實代表兩種不同的思維方式。

貫徹第一種思維方式的人，其特點是「偏執」。一個道理要和他的觀念完全一致，才會被他接受，他也只認準這個道理；如果不一致，他一律不理會。

只接受自己所認為的完美，不接受和自己認同的完美相衝突的任何觀點，並把它們視為瑕疵，這就是完美主義的問題。

體現在方程組中，就是只看方程組中的少量方程式，對其他方程式視而不見或乾脆刪掉，以此保持「方程組有唯一解」此一信念。而貫徹第二種思維方式的人，首先接受這個世界的不完美，接受不同的人能有和自己有不同的思維方式與觀點，在做事

時多方權衡、考慮各方面的利益，最後有所讓步和磨合，不走向極端，這在本質上就是「執兩用中」。

總結

　　本章介紹了最小平方估計。最小平方估計是在沒有一個解能夠完美地滿足一個方程組中所有方程式的前提下，找到一個能夠平衡所有方程式的解。

　　最小平方估計中蘊含的思想與中庸之道的智慧不謀而合：接受世界的不完美，不偏不倚、多方權衡、執兩用中。

　　世界本身就是不完美的，我們不追求片面的完美，而是在接受不完美的前提下權衡多方的利益，找到最佳的平衡點。

第 14 章

把大象裝進冰箱需要幾步？
──函數微分

解決問題的兩種思路

人們做很多事情，比如解決一個問題、開發一個產品、完成一個專案等，通常都有兩種典型模式。

第一種模式是把解決問題的方案分成若干個步驟，然後按照步驟一步一步地完成。這就好像那個為人熟知的笑話：把大象裝進冰箱需要幾步驟？答案：三步，把冰箱門打開，把大象塞進去，把冰箱門關上（見圖 14-1）。

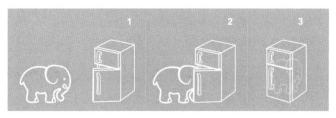

圖 14-1 把大象裝進冰箱的三個步驟

　　按照這種模式做事情，通常會在做每一步時都力求完美，直到把整個流程走完，才能取得想要的結果。這種模式用一個成語來形容，就是「**步步為營**」。

　　我們在求學時，通常採取這種「步步為營」的模式學習（特別是在學習數學和物理等科目時）。從課本第一章開始，每一章都要扎實地學會，把概念吸收透徹，並做完每一章的課後練習才進入下一章。當你把每一章的概念理解完全後，整本書就學完了（見圖 14-2）。

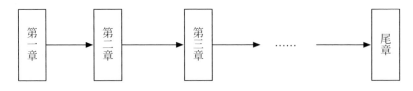

圖 14-2 「步步為營」的學習模式

　　除了「步步為營」，還有一種模式，這種模式並不要求你每一步都要做到最好，而是要求你迅速走完一輪，然後基於本輪疊代，反覆疊代，每一輪疊代後都力求比前一輪更好，以此在多輪更迭後得到一個好的結果。這種模式用一個成語來描述，就是「**精益求精**」。

　　再以讀書為例。與「步步為營」不同，「精益求精」（見圖 14-3）模式不要求人們在讀第一遍教科書時，就把每一章全數吸收，而是要求迅速、「不求甚解」地把一本書讀一遍，閱讀

時只求領會要旨，不求徹底理解每一個概念；讀完一遍後再讀第二遍，這一遍更有重點地去看第一遍沒理解的內容；然後反覆多遍，直到把這本書完全讀透。

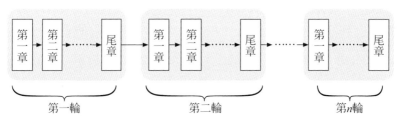

圖 14-3 「精益求精」的讀書模式

這兩種模式也是兩種思維，它們在很多領域中都有所應用，我將於下文舉幾個例子。

兩種求函數極限值的方法

例如，要想找到函數 $y=-x^2 + 2x$ 的極限，通常有兩種方法。

方法 1：微分法

求函數極限常用的方法之一，就是對該函數微分，再令導數為 0，這樣就可以建立一個關於函數自變數的方程式，方程式的解就是這個函數的極限的位置。

對於上面這個函數 $y=-x^2 + 2x$ 而言，該函數的導數為：

$$y' = -2x + 2$$

令導數為 0：

$$-2x + 2 = 0$$

　　找到該方程式的解 $x=1$，這就是該函數極限的位置。用這種方法所得到自變數的值，叫作該問題的解析解（analytical solution）。我們可以看出，用「微分法」找到函數極限的過程可以分為如下三步：

　　第一步：求函數微分。

　　第二步：令導數為零。

　　第三步：找到該方程的解。

　　每一步我們都不能出錯，經過這三步，我們就可以得到最後的答案。微分法就使用了上一節中介紹的「步步為營」這一思維。

　　但實際上，人們在求函數極限值時並不常用微分法，因為微分法的限制很多。例如，微分法需要知道函數的運算式，還要求函數運算式簡化，並且要求導數在所有點都存在。而實際應用中，很多函數的形式十分複雜，甚至無法得出運算式，也不一定滿足可導條件，很難透過微分法找到極限值點，因此我們需要另一種更實用的方法。

方法 2：數值演算法

我們用圖 14-4 解釋數值演算法的核心思想。圖 14-4 中的曲線是函數 $y=f(x)$ 的圖像。我們想找到這個函數最大值的位置（灰點處）。

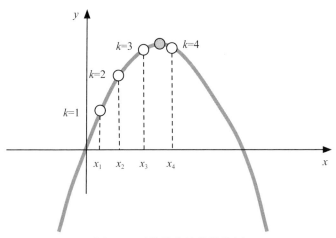

圖 14-4 函數最大值的數值解

找到數值解（numerical solution）具體有以下幾步。

第一步（$k=1$）：隨便猜一個 x 的值。假設我猜的位置為 x_1，很顯然，這麼猜幾乎不可能碰巧猜到最大值的位置。不過沒關係，當我們猜到 x_1 時，我們計算一下在 x_1 附近，隨著 x 的增大，y 是上升還是下降。在本例中，x_1 附近的 y 隨著 x 增大而上升。這就意味著如果 x_1 增大，那麼我們可以得到更大的 y。

第二步（$k=2$）：我們在 x_1 的基礎上把 x 增大一點，假設達

到圖 14-4 中 x_2 的位置。同樣的，我們看一下在 x_2 附近，隨著 x 的增大，y 是上升的還是下降的。在圖 14-4 中仍然上升，因此我們還應該繼續增大 x。

第三步（$k=3$）：我們在 x_2 的基礎上再次增大一點數值，達到 x_3。按照上述的方法判斷，依然應該增大 x。

第四步（$k=4$）：我們在 x_3 的基礎上，再次增大一點數值，達到 x_4。這時候，我們發現在 x_4 處，y 隨著 x 的增大而下降，這意味著我們應該後退一點。

不斷重複上面的步驟，就可能得出代表最佳的灰點的位置。透過上文的例子可以發現，數值演算法的思路並不是試圖一次就找到函數最大值的位置，而是藉由逐步疊代，不斷逼近最大值，這也符合「精益求精」的思想。

與微分法相比，數值演算法不需要知道函數的具體運算式，也不要求函數處處可導，因此在科學工程中，如果需要找函數極限值，絕大部分時候會採用這種方法。現在在深度神經網路領域，都是採用這種思路來訓練神經網路的參數。

產品開發的兩種模型

一個產品的開發流程有多種不同的模型，其中一種常見的模型是瀑布模型，它將一個產品的開發分為需求分析、設計、實

現、發布等多個階段。因為每個階段都有相應的管理與控制，所以能夠比較有效地確保產品品質。瀑布模型中的各個階段按照固定次序銜接，如同形成瀑布的流水一樣逐級降落（見圖14-5）。

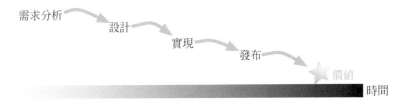

圖14-5 產品開發的瀑布模型

我們可以看到，瀑布模型中包含上文說的「步步為營」思想：產品開發被明確分為幾個階段，要完美地完成前一個階段後，才能進入下一個階段。最後一個階段的任務完成後，就可以得到最後的理想結果。

然而，用瀑布模型來進行產品開發有兩項主要的缺點。

第一，這樣的開發流程不適應用戶需求的變化。因為用戶需求在最前端，一旦用戶需求發生變化，整個開發流程就需要全部從頭再來。

第二，只有在專案生命週期到了後期才能看到結果。

我在網路上看到這樣一個真實的例子。老王是一名公司高級主管，也是一個足球愛好者，他經常苦於踢足球時臨時組不成隊，所以萌生架設足球社交平臺的想法。在該平臺上，人們可以

組隊租場地去踢球。他越想越覺得這個想法很有前途，因此辭去
工作，投入多年的積蓄，組建開發團隊，進行需求分析與功能設
計，慢慢升級該應用程式。

　　研發團隊為了盡善盡美、升級用戶體驗，在該程式中開發了
非常多的功能，例如在應用介面上可以把使用者拖曳到球場上組
隊。雖然這些功能在開發方面非常費時，開發進度比預期慢了很
多，但老王認為這是必需的，因為他認為只有推出一個「完美」
的產品到市場，用戶才會買單。在整整開發了一年後，讓老王比
較滿意的「完美」程式終於完成了。

　　團隊把應用程式放到 APP 商店供用戶免費下載，也做了推
廣。但過了幾個月，他們卻發現下載者寥寥無幾。失敗的原因至
今仍是個謎，可能是市場並沒有這個需求，或是產品還有很多可
升級的空間，總之這個專案最後不了了之。

　　老王的這種產品開發模式就使用了典型的「瀑布模型」。然
而，正如老王精心推出的這個應用程式失敗了一樣，用這種「步
步為營」的模式開發產品，效果往往不盡如人意。其中最大的問
題就是，他在把自己覺得完美的產品推向市場之前，無法知道用
戶回饋。很可能出現的情況就是投入了大量資源、金錢、時間，
開發了一個自認為能夠成為「爆款」的應用程式，結果推向市場
後，卻發現產品乏人問津。

　　與瀑布模型相對的是**敏捷模型**（Agile Model）。從敏捷模

型（見圖 14-6）中可以看出，使用敏捷模型開發產品時，整個開發工作被組織爲一系列短週期的快速疊代。每一次疊代都包括了需求分析、設計、實現與測試工作，並透過客戶的回饋不斷進行改進，直至達到最後的要求。

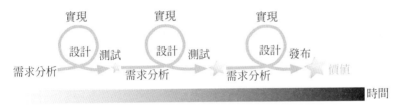

圖 14-6 產品開發的敏捷模型

　　很多年前，我和同事一起去和某公司的負責人談專案合作。這家公司規模雖小，卻是非常優良的高壓電線自動檢測公司。他們做了一項非常受市場歡迎的設備，用戶可以透過將設備掛在高壓電線上，即時檢測輸電線路是否正常運作。有一天晚上聚餐，該負責人在和我談到他們的開發思路時，說了這麼一段話：

　　像我們這樣的小公司開發產品，尤其是開發技術含量高的產品，不能想著一步到位。最開始，一定要把一個不完美，但可用的產品做出來，這樣我們心裡就有底了。然後把這個產品拿到現場使用，工程師在使用後，會告訴我們很多我們在設計之初沒想到的問題，用戶會向我們提出更多的要求，我們就在這些基礎上一步一步改進。別看現在這個產品的功能這麼好，第一代產品剛

做出來時問題非常多。

這麼多年過去，我仍清楚記得他說的「不完美，但可用的產品」的概念。後來我才知道，這就是大家所說的「最小可行性產品」（Minimum Viable Product, MVP）。嚴格來說，最小可行性產品是指有部分功能恰好可以讓設計者表達其核心設計概念的產品。設計者可以進行驗證式學習，並根據使用者的回饋進一步了解使用場域，繼續開發此產品。

我們可以看出，用敏捷模型來開發產品就符合「精益求精」。敏捷模型並不要求我們在每個階段做到最佳，而是要求迅速走完第一輪開發過程，拿到一個最小可行性產品，然後在該產品的基礎上獲得使用者回饋，並根據回饋疊代改進。經過多輪疊代，就可以得到一個非常好的產品。

和瀑布模型相比，用敏捷模型進行產品開發有以下兩個突出優勢。

第一，敏捷模型的短週期疊代思維能很好地適應用戶需求的變化。

第二，能快速得到早期用戶的回饋，進而可以在之前的設計人員遺漏某些因素的情況下，對產品進行快速疊代。

現在一些非常成功的企業（尤其是互聯網企業）推出產品的模式，幾乎都依據「敏捷模型」，小步快跑，快速疊代，極少「十年磨一劍」。

不要想著一次就能開發出好的產品，要透過快速疊代的方式進行更新，保證每一小步都跑得很快。開始時要允許不完美，但要透過快速疊代逐漸向完美逼近。每天發現和修正一、兩個小問題，產品很快就能打磨出來。

寫論文的兩種模式

我曾聽多倫多大學的一位教授分享如何寫論文。

他告訴眾人，寫一篇論文有兩種模式。第一種模式是先琢磨一個完美的想法，然後做實驗驗證，等實驗做完，拿到了所有的數據再開始寫。

第二種模式是稍微有了一個初步可行的想法就開始寫，寫的時候不打磨語法，用最快的時間寫出一份初稿。寫完給周圍的人看，讓他們提供意見，並針對這些意見改進想法、用實驗驗證想法，再修改文章。像這樣經過多輪疊代，完成對文章的打磨。

這位教授告訴我們，一定要用第二種模式寫論文。

我們可以看到，他說的第一種模式就使用了「步步為營」的思想，把寫文章的過程拆成三步：

第一步，思考出一個完美的想法；

第二步，用大量的實驗驗證這個想法；

第三步，開始寫論文。

　　在上一步完成之前，不進行下一步；如果每一步都按計畫完美執行，最後就可以寫出一篇好論文。

　　第二種模式就用了「精益求精」的思維：從一個初步的想法開始，組織實驗，寫論文初稿，然後根據寫作情況和實驗結果不斷疊代，最後寫出一篇論文。

　　我完全贊同這位教授的觀點。有經驗的研究者都知道，按照「步步為營」的模式來寫論文，效率是非常低的。

　　首先，在腦海裡琢磨出一個完美的想法非常難。寫科技論文時，提煉想法不像吟詩作對一樣「兩句三年得，一吟雙淚流」，透過苦思就可以得到一個好想法。科技論文的想法好壞往往要透過實驗驗證才能知道。有經驗的研究者就會知道，實驗結果也能幫助我們發現問題，找到改進方案，不斷完善想法。此外，寫論文的過程可以幫助我們釐清思路、完善想法。僅憑思考得出的方案，一開始通常都是不可靠的。

　　其次，如果這樣寫論文，在寫論文之前我們通常無法得知別人的回饋。寫完論文後，如果別人給你提了一個好的意見，你可能需要重新做實驗、模擬，並再次修改你精心打磨的「完美」論文，這麼做的時間成本就太高了。

　　而第二種模式實際上就是先盡可能寫出一個「可行但不完美的論文」，然後不斷疊代來完善和改進。從這層意義上來講，在最初迅速完成第一版非常重要，這也側面印證了這句格言：「完

成比完美更重要。」（Done is better than perfect.）

━━━━━━━ 總結 ━━━━━━━

本章介紹了開發產品、完成專案的兩種模式：步步為營和精益求精。

步步為營的模式把過程分為多步，每一步都力求完美，上一步沒做完不進行下一步；精益求精的模式則不要求把每一步都做到完美，而要求迅速走完一個完整的流程，然後反覆疊代，不斷提高。

在很多情況下，用精益求精的模式通常可以得出更好的結果。最後，我們以《連線》（Wired）雜誌創始主編、作家凱文‧凱利（Kevin Kelly）在他的暢銷書《釋控》裡的一段話作為結尾——

說到機器，有一個違反直覺但很明確的規則：複雜的機器必定是逐步地，而且往往是間接地完善的。別想一次用華麗的組裝做出整個功能系統。你必須先製作一個可運行的系統，作為你真正想做出的系統的工作平臺……在組裝複雜機械的過程中，收益遞增是透過多次不斷的嘗試才能獲得的——也就是人們常說的「成長」過程。

第 15 章

怎樣切洋蔥才不會刺激眼睛？
── 變換的思維

　　本章，來說訊號處理方面一個特別重要的思維 ── 變換。先
分享一個笑話。

如何切洋蔥？

　　甲：「我切洋蔥時覺得熏眼睛，很難受，你有什麼好辦法
嗎？」

　　乙：「有，很簡單，你在水裡切就不刺激眼睛啦。」

　　過幾天甲對乙說：「你的辦法真好用，就是麻煩點，切幾刀
就得浮出水面換氣。」

　　雖然這是一個笑話，但是乙提出的方法確實有效：不考慮其
他因素的話，在水裡切洋蔥確實能夠避免刺激眼睛。

「變換」的思維

　　「把洋蔥放到水裡切」的這個思維，和訊號處理方面一種特別重要的思維是一致的，我們把這種思維稱為「變換」。

　　這種思維的基本操作顯示於圖 15-1。我們想對一個物體進行操作，得到一個結果，但有時直接對物體的原始形態進行操作（見圖 15-1a）代價太大。這時一個更好的替代方案就是如圖 15-1b 顯示的，這種方案通常分為以下三步。

　　第一步，把物體的原始形態按照某個規則變換為另外一個形態。第二步，在該形態下操作，得到一個結果。

　　第三步，按照之前的變換規則逆向變換這個結果，就可以得到我們之前想要的結果。

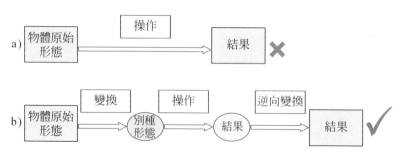

圖 15-1 變換的基本思想

　　簡單來說，如果直接在物體的原始形態下操作不夠方便，那麼就要考慮是否先把這個物體變成另外一個形態，在該形態下可以更方便地操作；等做完後，再將結果變換為之前的形態即可。

　　比如我們的目標是把「洋蔥」（原始形態）「切開」（操作），得到「切開的洋蔥」（想要的結果）。但這種方式容易「刺激」眼睛，因此我們做了以下幾步。

　　變換原始形態：先把「洋蔥」放進水裡，得到「水中的洋蔥」。

　　基於變換後的形態進行操作：對「水中的洋蔥」進行「切開」此一操作，得到「在水中切開的洋蔥」。

　　逆向變換操作結果：將「在水中切開的洋蔥」從水裡拿出來，得到「切開的洋蔥」。

　　這樣我們就達到了目的，並避免了直接切洋蔥會刺激眼睛的問題。

　　這種例子在生活中有很多。例如，一名鐵匠想將一根鐵條鍛造成一把劍，如果用錘子直接敲打鐵條，那麼一般情況下，他不僅不能達到目的，還可能把鐵條敲碎。鐵匠們的方法是加熱鐵條，將鐵條變軟（變換原始形態），把軟的鐵條鍛造成一把劍（在變換後的形態上進行操作），然後將這把劍冷卻（逆向變換操作結果）。

傳輸中的變換

這種思維在運送物體或傳輸訊號方面用得非常多。以下舉幾個例子。

例子 1：跨國海運

如果直接把很多散裝貨物從一個國家透過海運運到另一個國家，成本會非常高。這種情況下，通常會用貨櫃來運送，大大降低了運輸成本。如果我們仔細思考一下，會發現這其實也用了「變換的思維」（見圖 15-2）。首先，把散裝貨物放入貨櫃（變換物體原始形態），然後通過貨輪將貨櫃運到目的地（在變換後的形態上進行操作），上岸後再把貨物從貨櫃裡拿出來（逆向變換操作結果）。

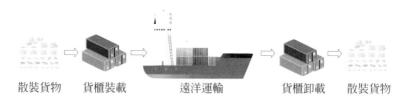

散裝貨物　　貨櫃裝載　　　遠洋運輸　　　貨櫃卸載　　散裝貨物

圖 15-2 國際海運

例子 2：遠距離的電力傳輸

電力傳輸也用了類似的思維。

發電廠的發電機所發出的電壓通常只有 10kV 左右，而在把它接入輸電系統之前，通常要將電壓升高到 110kV、220kV 或 330kV，這究竟是為什麼？

原因很簡單，就是為了減少遠距離輸電產生的損耗。

在遠距離的電力傳輸中，電力的損耗是很大的。假設輸電電流為 I，輸電線的電阻為 R，那麼輸電線上的功率損失為：

$$P = I^2 R \qquad (15.1)$$

根據公式，我們有兩個方法來降低輸電損失。一種方法是降低輸電線的電阻 R，R 越低，功率損失 P 就越小。在輸電距離一定的情況下，為了降低電阻，應當選用電阻小的金屬來做輸電線，例如銅、鋁。此外，還要盡可能地增加輸電線的橫截面積（橫截面積越大，電阻越小）。但是這種方式不夠經濟，輸電線顯然不能無限加粗，加粗電線也會使輸電線的成本急劇升高，輸電線的重量也會隨之增加，提高鋪設的難度。

因此，另一個方法就是降低輸電電流 I。我們知道，傳輸功率等於電壓和電流的乘積。在向用戶提供固定電功率的情況下，傳輸電壓越高，傳輸電流就越小。

所以，通常遠距離輸電時電壓都很高，為 110kV、220kV、

330kV，少數電廠已經將點傳輸電壓提高到 500kV 甚至 750kV。

　　當高壓電經過電網到達用戶附近後，還會經過變電站逐級降為用戶使用的 110V 或 220V（見圖 15-3）。

圖 15-3 高壓電傳輸

　　我們可以發現，遠距離傳輸電力也遵循「變換」的思維。我們想要把電力從一個地方傳輸到另外一個地方時，直接傳輸損耗太大，因此必須先升高電壓，讓它以高壓電的形態進行傳輸，然後在它到達用戶附近後再降壓，使它成為用戶可以使用的電壓。

例子 3：遠距離傳播聲音

　　一個人說話時聲音再大，也只有他附近幾十公尺內的人能聽清楚，這是因為人的聲音在空氣中的衰減速度太快。

　　而我們都知道，電臺廣播可以將直播間內主播的聲音，傳送到同一座城市範圍內的所有收音機上，這是怎麼做到的呢？

　　這就涉及調變、解調技術。

　　我們知道，人發出的聲波為幾百赫茲，可以看作振動頻率比

較低的訊號。低頻訊號無法遠距離傳播，只有高頻訊號才能透過空氣傳播到遠方。

因此，人們發明了一種「調變」技術。調變技術將需要傳輸的低頻訊號的訊息「搬移」到另外一個高頻訊號上。這個搬移是透過用該低頻訊號，即待調變訊號來改變另一個高頻載波訊號實現的。改變後的高頻訊號本質上仍然是高頻訊號，但是其中包含低頻訊號的訊息，因此被稱為混合訊號。

調變的方式有很多種，方式之一就是用待調變訊號改變載波訊號的頻率，此一過程被稱為調頻（FM）。圖 15-4 的前三個子圖中，由上而下地顯示了一個低頻的待調變訊號 a，一個高頻的載波訊號 b，調頻之後的混合訊號 c。

我們可以看到，經過調頻，在待調變訊號振幅大的地方，混合訊號的頻率變高；待調變訊號振幅小的地方，混合訊號的頻率變低。混合訊號本質上是一個高頻訊號，但是其頻率包含了低頻訊號的訊息。

另外一種方式則是調幅（AM）。簡單地說，調幅就是用低頻的待調變訊號的振幅調節載波訊號。圖 15-4d 顯示了經過調幅的混合訊號。我們可以看到經過調幅，在待調變訊號振幅大的地方，混合訊號的振幅變高；在待調變訊號振幅小的地方，混合訊號的振幅變低。這樣一來，混合訊號就同樣也包含了低頻訊號的訊息了。

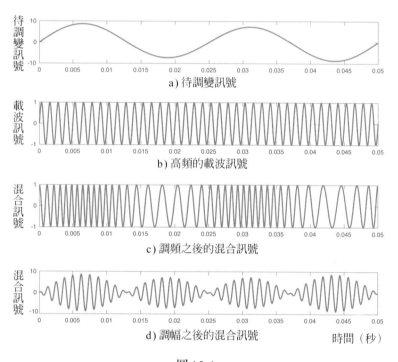

圖 15-4

　　透過天線發射出混合訊號之後，因爲它是一個高頻訊號，所以可以遠距離傳播，最後到達接收端（收音機）。

　　收音機發揮很多作用，它先對訊號進行篩選，因爲天空中有非常多不同頻率的無線電波，如果把所有電波都接收了，許多聲音會混雜在一起，最後什麼也聽不清。爲了設法選擇需要的節目，接收天線後方會有一組選擇性電路，它的作用是把所需的訊號（電臺）挑選出來，「過濾」不需要的訊號，以免產生干擾。

我們收聽廣播時會使用「選臺」按鈕完成此一過程。

　　選擇性電路輸出的是所選中某個電臺的混合訊號。因爲混合訊號在本質上是一個高頻訊號，所以我們必須從這個高頻訊號中，把裡面包含的待調變訊號（也就是人的聲音）分離出來。

　　這個步驟被稱爲解調。收音機的電路裡有一個諧振電路專門負責進行解調。當待調變訊號被分離出來後，會被送入喇叭音圈中，引起紙盆出現相應的振動，這樣就可以還原主播的聲音。

　　可以看出，這整個過程也遵循變換的思維。我們想要把人的聲音從一個地方傳播到另外一個地方，直接傳播往往無法到達目的地。現在借助無線技術先調變人的聲音，將其變爲另外一種形態（調變訊號），然後傳播調變訊號，當調變訊號到達收音機以後，再進行解調，恢復人的聲音（見圖 15-5）。

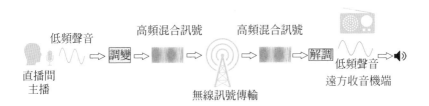

圖 15-5　無線電的調變和解調

總結

　　本章從切洋蔥的例子講到了「變換」的思維。在不容易直接對某個事物進行操作的情況下，可以先把這個事物變成另外一種形態，如果在該形態下能比較容易完成這個操作，那就等做完後，再將得到的結果變換為原來的形態即可。這種思維有很多應用，包括文中所舉的運送物體（貨櫃、高壓電）、傳輸訊號（收音機無線訊號的傳播）等例子。

　　當問題不好解決時，那就先變換事物的形態──這就是變換的核心思想，希望你也能在生活中靈活運用這種思維，解決更多難題。

第 16 章

為什麼年輕時應該多去闖闖？
── 模擬退火演算法

經常有學生問我這樣一個問題：畢業後應該回自己的家鄉，還是去大城市闖一闖？是找一個自己有熱情的領域創業，還是選擇一個穩定領薪的工作？

在大多數情況下，我會對他們說，趁著年輕，應該去大城市闖一闖，並且應該多嘗試一些職業（例如創業），而不是在年輕的時候就從事一個一眼就能看到盡頭的安穩職業。但是當你年紀漸長後，就不應該隨便跳槽了。

我今天想透過計算機領域著名的「模擬退火演算法」來解釋這個道理。模擬退火演算法是解決函數升級問題的數值演算法，我們先從找到函數的極限值說起。例如，如果要你找到函數 $y = -x^2 + 2x$ 的極限值，你會怎麼做？

解法 1：解析解

大家最熟悉的解法是對函數的運算式微分，令導數爲 0。這個方程的解就是這個函數的極限值。

上面這個函數的導數形式爲：

$$y' = -2x + 2$$

令導數爲 0，即：

$$-2x + 2 = 0$$

運算式中 $x=1$，這就是使該函數得到極限值的解。用這種方法得到的值，叫作該問題的解析解。

解析解一定是最佳的，但要找到解析解通常不那麼容易。實際應用中，很多函數的導數形式十分複雜，甚至函數本身不可導。因此數值解應運而生。

數值演算法中最常用的方法被稱爲**梯度法**。

解法 2：梯度法

梯度法的核心思維就是「**找準方向，精益求精**」。我們用圖 16-1 來解釋這個思維，圖 16-1 中的曲線，就是這個函數 y 的運算式圖像，我們想找到這個函數最大值對應的 x 位置（灰點處）。

梯度法具體的步驟是這樣的。

第一步（$k=1$）：隨便猜一個 x 值。假設我猜的位置爲 x_1（見圖 16-1）。顯然這麼隨便猜一個值，幾乎不可能猜中最佳解。沒關係，當我們猜到 x_1 這個位置以後，判斷下一步的方向，極限值是在 x_1 的左邊還是右邊？這裡就要用到梯度了。梯度就是函數的導數，在這個例子中，就是斜率。x_1 處的斜率是正值，意味著增大 x 的值會讓 y 值上升。

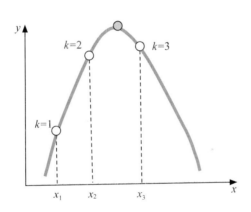

圖 16-1　函數最優質的數值解

第二步（$k=2$）：我們將 x_1 往右邊移一點，假設達到 x_2（見圖 16-1）。按照同樣的方法，我們知道下一步應該繼續往 x_2 的右邊移，因爲這樣可以得到更大的 y。

第三步（$k=3$）：將 x_2 再向右移一點，達到 x_3。這時我們就會發現，按照梯度法的原則，我們應該向左移一點。

不斷重複上面的步驟，就可以逼近最佳的灰點的位置。

梯度法有很多變體，例如共軛梯度法、最陡下降法，以及隨機最陡下降法等，都使用了梯度的思想。

但在某些情況下，梯度訊息沒那麼容易拿到。有時候函數是一只黑箱子，雖然輸入一個 x 可以拿到輸出 y 的值，但是我們無法得出這個黑箱函數的運算式；或者有時雖然可以寫出運算式，但是梯度在某些點不存在；或者運算式過於複雜、很難計算，這時梯度法就不能用了。

那麼，有沒有不利用梯度訊息就能找到最大值的方法呢？答案是肯定的，這種方法叫作爬山法。

解法 3：爬山法

爬山法的思維和一個人爬山的過程很相似。一個人在爬一座陌生的山時，只需要時刻保證自己現在的位置比前一刻高，最後就可以爬到山頂。就演算法而言，每次從當前的變數 x 附近，選擇一個對應的函數值 y 比現在的變數 x 更高的位置，作為下一步的 x，直到 y 收斂為止。

具體表現為：每次疊代時，我們都在當前的解 x_k 周圍的小範圍內隨機取一個點 x_{k+1}，然後比較這兩個點對應的 y 值，如果新的點對應的函數值比舊的更高，我們就接受這個新的點 x_{k+1}，並

以此爲基礎進行下一次疊代。反之則反覆隨機選點，直至選到一
個對應的 y 值比 x_k 更高的點，再進入下一輪。

　　我想各位已經注意到，爬山法不需要計算當前解所處的梯
度，只需直接比較兩個函數值。

　　我們以圖 16-2 中的例子來說明。首先，還是隨便猜一個初
始值 x_1，然後在 x_1 周圍的區間（灰色區間）內找一個比 $y(x_1)$ 更
高的點。例如，我們試了幾次之後，發現 $y(x_2)$ 比 $y(x1)$ 更高。
接著，我們在 x_2 的附近找一個對應高度比 $y(x_2)$ 更高的點，並在
隨機試了幾次之後，找到 x_3。以此類推，經過多輪疊代，同樣可
以找到整個函數的最大值。

　　需要注意的是，相比於梯度法，爬山法因爲並沒有利用梯度
訊息，所以要付出代價：可能需要試很多次才能找到一個比上一
次更佳的解，降低了搜索效率。

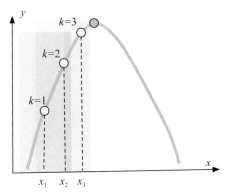

圖 16-2　爬山法

爬山法的問題和解決方法

爬山法有一個很大的問題。試想一下，如果你在濃霧裡爬山，視野受限，那麼按照爬山法，你最後到達的很可能只是一座小山坡。

雖然小山坡比其周圍的位置都高，但距離真正的山頂還差得很遠。站在數學的角度來說，就是**當函數的形式比較複雜時，用爬山法可能會陷入局部最高點**。

例如，圖 16-3 是一個更複雜一點的曲線，因為它有兩個高點，並且第二個點更高。如果初始值 x_1 以第一個高點的山腳位置為起點，經過多次疊代，一定會收斂到第一個較矮的高點處，這個位置是一個局部最高點。之所以收斂在局部最高點爬不出來，是因為局部最高點比周圍的點都更高，但真正的全域最高點在局部最高點右邊。

不僅是爬山法，我們之前說的梯度法以及其他方法都會出現收斂到局部最高點的問題。

那麼要如何解決呢？繼續以圖 16-3 為例。演算法之所以不能從局部最高點跳出來，就是因為**它每一步都試圖比上一步更高**。如果在處於局部最高點時，能接受其右側位置更低的點，那麼從這個點開始疊代，就可以跳出局部最高點，並且到達全域最高點。

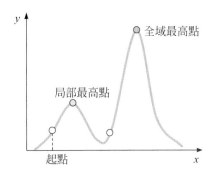

圖 16-3　爬山法的問題：陷入局部最高點

換句話說，這些數值演算法之所以會陷入局部最高點無法跳出，是因為它們不能接受短期挫折，每一步都追求眼前的利益。**能接受暫時的不太完美，才有可能換取一個更好的未來。**

這就好比很多人在換工作時，都要求下一份工作的薪資比當前更高。其實，如果是年輕人，如果新公司的業別前景更好，他就應該接受當前的薪資退步，這樣之後才能達到一個更高的高度。

如何解決該問題：用隨機的方式接受不完美

我們還可以繼續追問，現在問題變成：我們以什麼樣的方式接受不完美。

其中一種方式是引入隨機。我們可以略微修改一下爬山法：

即使在當前的解 x_k 周圍隨機找到的解 x_{k+1} 不如 x_k 大，我們也以一定的機率接受它。

從圖 16-3 中可以得出，如果我們到了左邊的這個局部最高點，那麼這種方式可以讓我們接受那個山腳下的點、跳出這個局部最高點，並達到右邊的全域最高點。

「以一定機率接受暫時的不完美」的外在表現，就是 x **對應的 y 會上下跳動，而不總是一直上升**。如果接受不完美的機率較高，那麼你會發現，每次疊代後，函數值上下跳動的隨機性高；而如果接受不完美的機率很低，那麼隨機性也比較低，每一次疊代都會比較有規律地朝著數值更高的方向行進。

這種隨機就是英國經濟學家提姆・哈福特（Tim Harford）在其暢銷書《不整理的人生魔法》裡描述的「意外情況」。哈福特說：「意外情況會擾亂我們的日常工作或生活，但是如果我們能積極發揮創造力，便能轉悲為喜。意外的出現雖然導致藝術家、科學家和工程師們從山峰跌入谷底……但是他們一旦能離開自己的山峰，來到一個新的谷底，便能化腐朽為神奇。」

我想各位已經看出來了，哈福特所說的讓藝術家、科學家和工程師們從一個小的山峰暫時跌入谷底，但之後可能到達旁邊更高峰的意外情況，就是我們剛才說的這種隨機。

在知道了應該接受暫時的不完美，以避免陷入局部最高點後，我們還有最後一個問題要解決：這個接受不完美的機率，應

該是多少呢？

模擬退火演算法

　　1970 年代末期至 1980 年代初，IBM 沃森實驗室的兩位科學家史考特・柯克派翠克（Scott Kirkpatrick）和 C.D. 格拉特（C.D. Gelatt）在研究升級演算法時，從物理學中得到了啓發，發明了模擬退火演算法。

　　我們先說說退火。大家從電視劇或電影上應該都看到過這樣的情節：鑄劍師在爐火中反覆敲打一塊燒得很紅的劍胚，火星四濺。完成敲打之後，把劍放進水裡，只聽見「呲」的一聲，升起一陣白霧，然後鑄劍師再磨一磨劍的表面，就有了一把削金斷玉的寶劍。將寶劍丟入水中是一種金屬加工的冷卻工藝，被稱爲「**淬火**」。淬火過程中，金屬會在液體中快速冷卻，內部結構會發生改變，具體來說就是會變得很硬。

　　淬火應該是一種大家最熟悉的冷卻工藝。但除了「淬火」，還有一種冷卻工藝，就是**退火**。

　　退火的冷卻速度比淬火慢得多。退火透過緩慢降低金屬的溫度，使金屬內部組織達到或接近平衡狀態，讓金屬內部釋放應力、增加材料的延展性和韌性、產生特殊的顯微結構等，從而獲得良好的工藝性能和使用性能。

　　柯克派翠克對退火有一項洞見，他解釋道，在退火過程中，材料冷卻的速度會對其內部結構產生很大的影響。而在物理學中，「溫度」和「隨機性」是對應的：溫度越高，隨機性越強。**退火的過程，代表隨機性從高到低的衰減。**

　　退火最終可以使所有的金屬晶體達到完美的平衡狀態，爬山演算法中的隨機性也是如此，隨著時間增加慢慢降低。

　　具體來講，在開始時，我們要接受 x_{k+1} 有較大的機率不如 x_k，這會導致開始時 x 的隨機性很高；而到了後來，我們**逐步降低對不完美的機率的接受程度**，表現出來的隨機性也會慢慢下降。

　　這就是模擬退火演算法。模擬退火演算法告訴我們，開始時我們要接受結果有較大的機率並不完美，而這個機率，會隨著時間的增加慢慢降低。

　　模擬退火演算法這個思想被柯克派翠克和格拉特發表在 1983 年的《科學》雜誌上，文章的標題為〈基於模擬退火的升級演算法〉。模擬退火演算法的應用效果令人吃驚，而在這篇文章中，作者用模擬退火演算法設計出更好的晶片布局（IC Layout），現在模擬退火演算法成為升級演算法中的經典演算法之一。

━━━━━ **總結** ━━━━━

前文講述了解析解、梯度法、爬山法和模擬退火演算法。

我們知道了在爬山法中，如果每一步都追求比前一步更好，容易陷入一個局部最高點。要想解決陷入局部最高點的問題，一個直接的方法就是引入隨機性：以一定的機率接受暫時的不完美。

模擬退火演算法則告訴了我們更細節的東西，即這個接受不完美的機率。具體來說，初始時，這個機率可以很高，然後這個機率應隨著時間增加慢慢降低。

回到最初的那個問題。為什麼年輕時應該去大城市闖一闖，並且應該多嘗試一些職業呢？

人生其實是一個尋找最佳解的過程。一開始誰都不是完美的，但我們可以不斷努力提升自己，最後的目標是達到自己可能到達的最佳位置。

這個過程和我們上文提到的梯度法及爬山法中蘊含的思想是一致的。

在不斷進步的過程中，你會很自然地要求自己在人生中所邁出的每一步都比前一步更好。例如很多人在換工作時，都要求下一份工作的薪資比現在更高或更穩定。

這種選擇看起來很自然，但是演算法告訴我們，要求所邁出

的每一步都比上一步更好的策略，容易讓自己陷入局部最高點：你選擇一個薪資更高或更穩定的行業，可能會導致你錯過另一個雖然現在看起來不太穩定，但是發展潛力龐大的行業。

解決的方法是引入隨機性：以一定的機率接受暫時的不完美，就可以有效避免陷入局部最高點。這種隨機性對應著去大城市闖一闖，嘗試各種職業，進而找到自己的興趣、發現自己的潛力，而不是安安穩穩地一生只從事一個職業。

而模擬退火演算法則進一步告訴我們，這個隨機性應該隨著你的年齡慢慢降低。當你年輕時，你可以讓這個隨機性較高，充分探索外界，讓自己接受暫時的不完美，從而避免陷入局部最高點，並且在將來躍上一個更高峰。而在年齡漸長、知道自己最適合什麼後，你就要控制隨機性，在自己最適合的地方深耕，不輕易切換賽道。

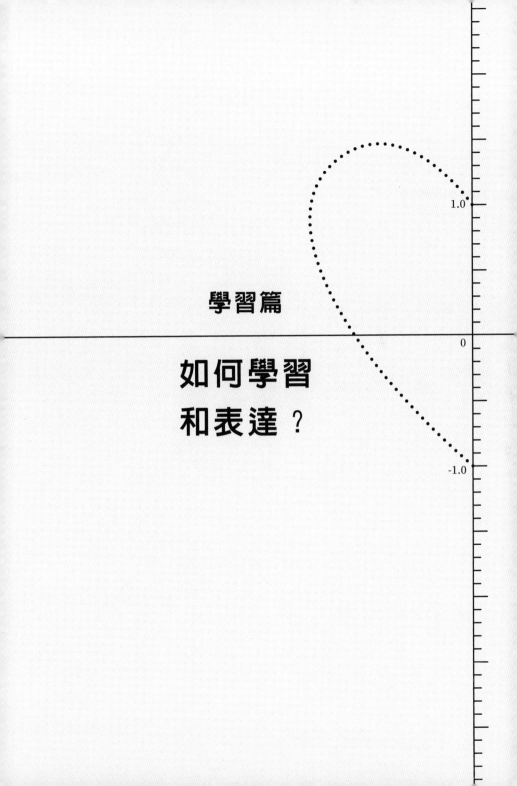

學習篇

如何學習
和表達？

—————— 第 17 章 ——————

看《甄嬛傳》跟寫好論文有什麼關係？
—— 主動預測

《甄嬛傳》的另類觀賞法

我有一個共事多年的同事，我發現他思考問題、做事情都比較周全，一些觀點經常能帶給我啟發。有一次我問他：「透露一下，你是怎麼想得這麼深的？」他半開玩笑地說：「我經常陪我老婆看一些像《甄嬛傳》《康熙王朝》這樣的電視劇，這些電視劇看得多了，人情世故就懂得多了。」

我聽完很疑惑。我偶爾也看電視劇，可是我看電視劇主要是為了放鬆。當看到好的電視劇時，我會被劇情的跌宕起伏帶動，時而激動，時而緊張，總之感覺很「爽」。但是說實話，我從來沒有想過能透過電視劇提高自己在現實生活中的處事能力。我將自己的疑惑告訴他，他笑了笑又和我說了下面這段話。

他說：「我看電視劇的方式和其他人不一樣。例如看《甄嬛傳》，我和我老婆經常在甄嬛遇到某個危機時把影片暫停，然後討論一下，如果我們是甄嬛，要如何解決當前的難題。討論完再

接著播放，看看電視劇裡甄嬛是如何做的。這樣一對比，就知道我們和甄嬛之間的差距在哪裡了。這樣的討論多了以後，處理問題的水準自然而然就提高了。」

仔細思考一下可以發現，我同事這種看電視劇的方式有兩項特點。一、是**主動預測**，他不會被情節牽著走，而會在某些時刻主動針對問題進行思考，給出自己的解決方案。二、是**從差距中學習**，我同事給出的方案，很可能和劇情中人物的方案有差別。他會根據這個差別反思自己，看看自己思維中的漏洞，從而提升自己的思考能力。注意，第二項特點建立在第一項特點的基礎之上。只有主動給出自己的預測方案，才能用劇情人物給出的方案和自己的進行對比，提升自我。

現實中的大部分人，包括我自己，看電視劇都只是為了放鬆和紓壓。但是「放鬆、紓壓」的另一面是「被動」：我們總是被劇情牽著走，電視情節是什麼，我們就接受什麼。不思考讓人感覺很輕鬆，看完劇也很爽，但是除了「放鬆、紓壓」，看劇並沒有讓我們在認知水準和思維層次方面有任何的進步。

可能有人會說，我看電視劇不就是為了紓壓嗎？你同事看電視劇的方式太累了，有必要這樣嗎？

這種說法有它的道理，為了放鬆而看電視劇無可厚非。但如果換作是讀書呢？雖然有人讀書是為了放鬆，但在很多情況下，讀書更是為了從書中獲取知識，得到進步和提升，而不單純是為

了放鬆。

　　如果你是一個研究生或科學研究者，你就需要更仔細地思考這個問題了。做科學研究，首先需要讀大量的學術論文，而讀學術論文的目的絕對不是放鬆和紓壓，況且大部分論文在看的過程中都讓人不那麼「爽」。如果你用看電視劇的方式看論文，那麼我可以負責地告訴你，你看完絕大部分論文後，除了欽佩作者的聰明才智，最有可能收穫的是因感覺自己的智商不如他人而產生的挫敗感。

　　那麼，怎樣讀書、讀論文才能讓我們有更大的收穫呢？我們能否借鑑我同事看《甄嬛傳》的方式呢？

如何讀學術論文？

　　我在香港工作期間，小組裡的導師經常會和我們聊天，比如聊一些所屬領域中優秀者的工作方式。有一次談到一位國外的老師，他每年都會在頂尖學會和期刊上穩定地發表文章。有人問他如何做到這麼多產的，他提到了一個自己的工作方式。

　　我們知道，歐美每年大概都有一個月的假期。在休假前，這位老師會把當年該領域的相關學術論文全都列印出來，然後跑到深山的一個度假村裡，每天研讀列印出來的論文。

　　關鍵在於，他讀論文時並不是把論文從頭到尾地讀完，而是

看到了這個論文要解決的問題之後，立刻把論文扔在一邊；然後開始思考這個問題，並拿出一張白紙把自己的解決方案、推導過程寫下來。

最後，他把自己的答案和文章中給出的方案進行比較，從而獲得靈感和啟發。很多時候，他給出的方案甚至比手頭的論文還要好，這時候他就把這個點子整理出來，投稿到學會和期刊上發表。

我們注意到，這個人看學術論文的方式和上面我同事看《甄嬛傳》的方式的本質特點是一樣的。他會「主動預測」：看到一個問題時，不是著急看其他人怎麼解決，而是先自己提出一個方案；他也會「從差距中學習」：把自己的方案和論文中的方案進行對比，從中提高自己。

由此可以看出，「主動預測＋從差距中學習」是一種很好的學習方式。

監督式學習

前兩節講的兩個例子和機器學習中的一種被稱為監督式學習（supervised learning）的學習方式不謀而合。

監督式學習是最常見的機器學習方式之一，它的訓練資料集是有標籤的，訓練目標是給新資料（測試資料集）提供正確的標

籤。

例如，機器學習可以透過訓練一個模型，判斷一張動物圖片中動物的種類。首先，我們要先找一組動物圖片作為訓練資料集，這個資料集中的每張圖片上都有對應的動物種類（又被稱為標籤），這個標籤就相當於標準答案。

接下來訓練模型的過程大概是——

開始時，我們拿一個初始模型對訓練資料集中的某張圖片的種類進行判斷。因為模型不完善，所以其預測結果很可能和真實種類不符。如果模型判斷錯誤，我們就用某種演算法調整該模型的參數，讓調整後的模型的輸出盡量和真實的標籤一致。像這樣，我們用訓練資料集中的圖片不斷調整模型的參數，直到該模型對訓練資料集的圖片進行的判斷可以很好地符合對應的標籤為止。

我們可以發現，監督式學習此一模式的原理和前兩節中的學習方式完全一致。監督式學習有「主動預測」：模型首先要對訓練圖片的類別進行判斷。同樣也有「從差距中學習」：模型會根據自己的判斷與真實標籤的差距不斷調整自己的參數，直到自己的判斷接近真實標籤。

所以說，不管是看電視劇還是讀論文，要想快速提高水準，都應該用「監督式學習」的方式：主動對問題進行預測，從差距中學習。

快速閱讀

最後我們來思考這種方法如何幫助我們快速閱讀。

科普專欄作家萬維鋼在他的「精英日課」裡，提到美國喬治梅森大學著名的經濟學教授泰勒・科文（Tyler Cowen）有著驚人的閱讀速度。科文教授看一頁書的速度幾乎和別人看一個標題的速度一樣。而且看完書之後，他確實能夠知道書中的思想。

科文看書這麼快的祕訣是什麼？他在一篇文章中回答了這個問題。他說：「要想看書快，你得看過很多書；在你看過很多書之後，你就可以預測你手裡這本書的下一頁講的是什麼。」

萬維鋼進一步解釋說，真正資深的讀者，讀同一領域內的書籍肯定是越讀越快。他們能夠一眼發現新的東西，抓住重點，知道這本書在這一領域內處於什麼位置，做出了什麼新貢獻。其實這種思想就符合監督式學習的「主動預測＋從差距中學習」。

如果我們仔細分析一個資深讀者的閱讀方式，會發現他的閱讀速度通常是動態調整的：

「嗯，這個問題我知道，應該從 A 角度去分析和解決。」

然後他會掃一眼作者後文中提供的解決方案，看看有沒有 A 角度的關鍵字：「沒錯，出現了 A 角度的關鍵字，和我的預期相符，跳過，看下一個問題！」

「這個問題我不太熟，我覺得解決方法應該是 B。」

　　往後看，「嗯，裡面沒有 B 方法的關鍵字，我仔細看看，他竟然用了 C 方法，這個方法我沒有考慮到，值得好好想想」，於是放慢速度仔細思考。

　　如果一個資深讀者讀的書多了，腦子裡的知識已經融會貫通，那麼在大部分情況下，他都可以準確地猜中作者的解決方案，讀書的速度也自然會越來越快。如果是初入某個領域的讀書人，他看到什麼都覺得充滿新奇和陌生，必定讀得很慢。

　　但不管是哪類讀者，一個好的讀者在閱讀時都應該選擇監督學習，主動預測，並且從差距中學習。好的讀者可以隨時根據預測的正確與否調整速度：預測正確的就快速掃過，錯誤的就慢慢體會，這才是主動的學習。

總結

　　本章談到了一種讓人更高效地看劇、讀書和讀論文的方法。這種方法的核心和機器學習中的監督式學習類似，兩者都是主動針對問題給出自己的答案，然後參考電視劇和書本中給出的答案，從差距中反思，進而提升自己的能力。

　　這種方式的重點在於「主動」，只有主動思考，你才不會被你看的電視劇、你讀的書牽著走，才能快速進步。

第 18 章
練就好的學習方法論，成為潛力股
—— AI 學習模式

作為一名大學資訊學院的老師，在用了幾年的時間對許多大三生進行觀察後，我發現了一個分化現象。

那些打算讀研究所或保送研究所的大三學生，會非常重視上課。他們會把書本上的公式背得滾瓜爛熟，反覆做習題，以期待在期末考試中能有好成績。有了好的成績，平均學分積點（Grade Point Average, GPA）高了，在保送或研究生面試中就會有很大的優勢。

而那些不打算讀研究所的學生，會把大部分精力放在找工作上，有些人甚至花了一年的時間反覆做公司的面試題。他們對於大學課程通常抱著及格即可的態度。

這個現象本身無可厚非，我也能理解。可是，有沒有人認真思考過一個問題，**大學究竟應該學什麼？**

要想回答這個問題，我們首先需要明確上大學的目的。

一個學生不可能一直待在大學裡，他遲早要進入社會，因此

很自然的，**上大學的目的之一，就是幫助大學生在進入社會前更好地適應將來的工作**。

然而，大學的課程設置有時看起來並不完全朝向這個目標邁進。以前的多數職業都有收學徒，學徒通常從小開始學習一項技能，並且每天都會練習，他們每天所學通常都直接和自己要從事的行業相關，都是將來在職場上會用到的技能。

大學生則不同，大學開設了很多門課，而大部分的課可能和學生將來從事的行業並不相關。以我教的資訊專業為例，如果一個資訊學院的學生將來會去互聯網公司從事與演算法相關的工作，那麼他的一些專業課，例如計算機組成原理、機器學習導論、演算法設計與分析等，的確和他將來的工作有些關係。可是例如工程數學、基礎物理、離散數學、通識教育、經濟管理等課程，好像和他將來從事的專業並不相關。另外，如果他將來改變想法準備從事其他工作，那麼這些課程可能更用不上了。

也就是說，一個人在大學裡學習的大部分課程，可能都和他未來在工作中要做的事情不相關。那麼，這些課程究竟對他的將來有什麼用呢？如果拋開為了保送或考研究所而努力學習這些課程的情況，我們又應該以怎樣的態度對待這些課程呢？

關於這個問題，我們可以從人工智慧中得到一些啟發。

人工智慧在近幾十年內發展得如火如荼，湧現了包括「多任務學習」「遷移學習」「強化學習」等多種學習演算法。這些學

習演算法讓一個模型具有強大的智慧。如果我們仔細研究，就會發現，這些演算法背後體現了各種不同的學習模式。這些學習模式可以為我們回答上面的這個問題提供一些啓發。

我們從最簡單的單任務學習（single-task learning）說起。

單任務學習

傳統的機器學習，通常都是透過訓練，讓某個模型能夠完成一項特定的任務。例如，圖像識別任務，是讓模型能夠識別一幅圖像的類別；文字識別任務，是讓模型能夠識別文字背後的語義；語音辨識任務，是讓模型將語音轉化爲文字等。

指定某項任務之後，訓練模型的過程大概如下：首先，會以隨機的方式產生一個初始模型，這個初始模型通常不能很好地完成目標任務。然後，我們會不斷給這個模型「投餵」訓練資料，同時會有一個「學習演算法」不斷根據模型在訓練資料中的表現調整模型內部參數，讓調整後的模型變得更好。訓練完以後，該模型就可以很好地完成指定的任務了。

舉一個圖像識別的例子。比如，我們想用一個模型來自動識別一張圖片到底是貓還是狗。

我們先找到一個初始模型，這個初始模型可以是隨機產生的。我們也可以直接借用別的模型。用初始模型來分辨貓和狗的

效果通常都不好，不過沒關係。現在我們有一堆貓狗的圖片，並且知道如何正確給每張圖片分類，區分圖片上是貓還是狗。這些圖片會作為訓練資料提升模型的性能。具體而言，我們會把這些圖片提供給這個初始模型，看看它做出的判斷是否正確，並在此基礎上用「學習演算法」不斷調節模型的參數，最後讓這個模型輸出的分類盡可能和圖片對應的真實分類一致。這樣訓練就算結束了。

完成訓練的模型因為見過了那麼多的訓練資料，且對於大部分訓練資料都可以給出正確答案，所以就算對於一張不在訓練資料內的圖片，也很有可能會給出正確答案。

在上面的例子中，學習演算法利用訓練資料不斷調整模型，以此很好地完成某個事先指定的任務。注意，一個模型只完成一項指定的任務。我們把這些能夠訓練某個模型完成單項任務的學習演算法，稱為「單任務學習演算法」。

回到大三學生的例子。如果我們把「學習課本知識」和「學習工作技能」當成兩類任務，那麼那些計畫讀研究所、全力集中於學習課本知識與學校考試，並基本上放棄為將來工作做準備的學生，專注於第一類任務。而那些不打算讀研究所，把全部的精力集中於公司面試題，學流行的程式設計語言，並基本上放棄大學課程的學生，則專注於第二類任務。但這兩類人本質上都是在進行單任務學習。

單任務學習存在缺點。那些把全部精力放在「學習課本知識」的學生雖然能在 GPA、保送和研究所考試面試上占一定優勢，但是很少去想自己將來可能從事的工作具體要做什麼。他們當中的很多人在畢業時，對於自己將來要做的工作沒做好充足準備。

同樣，那些把全部精力放在「學習工作技能」上的同學，會因爲放棄「學習課本知識」而錯過很多能夠在未來的工作中幫助他們的好課程。

也就是說，雖然「單任務學習」看起來是讓你集中精力做一件事，但是單獨聚焦於某一項任務，對於一個人的培養而言並不是最好的方式。我們還需要更好的學習方式，比如多任務學習（multi-task learning）。

多任務學習

在單任務學習中，一個模型一次只完成一項任務。如果要完成多項任務，那麼最直接的方法是分別訓練多個模型，用多個模型完成多項任務。但是這種分別爲每項任務訓練一個模型的方式，**忽略了任務之間的相關性**。

實際應用中，很多任務之間是有相關性的。例如，在自動駕駛中，處於自動駕駛狀態的車輛通常都有識別周圍車輛、行人和交通標誌這三項任務。我們可以分別訓練三個不同的模型，使其

分別識別周圍的車輛、行人和交通標誌。

　　但是，我們注意到，「識別周圍車輛」「識別行人」和「識別交通標誌」這三個任務之間是有相關性的。例如，車輛通常在車道上行駛，行人在人行道走路，人行道通常會在車道的右側，車輛和行人都要遵守對應的交通號誌等。這幾項任務之間的相關性意味著，若某個模型可以很好地完成「識別車輛」的任務，那麼它應該可以幫助「識別行人」以及「識別交通號誌」的模型完成它們的任務，反之亦然。

　　之前的那種單獨訓練多個模型、每個模型負責一項任務的方式，沒有利用任務之間的相關性。如果我們把完成不同任務的多個模型放在一起訓練，充分利用任務之間的關係，就有可能讓最後訓練出來的每個模型都比單獨訓練出來的相應模型表現得更好。

　　這就是機器學習中的**「多任務學習」**。

　　多任務學習中設計了很多種模式來利用多項任務之間的相關性，其中一種模式是讓多個模型共用一部分參數。以圖 18-1 為例，有三個模型的任務分別是識別行人、識別車輛和識別交通號誌。這三個模型的基礎參數是共用的，而後面幾層的參數則是獨立、變化的。這樣在訓練的過程中，多項任務之間就能透過三個模型共用的基礎參數達到互相說明的目的。

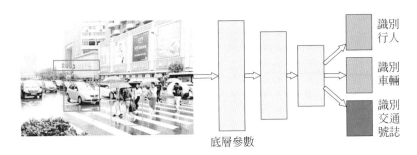

底層參數

圖 18-1　多任務學習

多任務學習在生活中也有很多例子。

唱歌就是一種多任務學習。如果讓一個人單獨背誦某一首歌的歌詞或單獨背誦旋律，可能都不那麼容易，但是把兩項任務放在一起訓練，這個人反而可能背得更快。因為歌詞和旋律是相關的：當你的腦子裡出現歌詞時，會湧現出旋律；同樣，記住旋律時，會湧現歌詞。唐代的著名詩人王維也透過多任務學習，在許多領域成為一個高手。王維精通詩、書、畫、參禪。蘇軾評價他：「味摩詰之詩，詩中有畫；觀摩詰之畫，畫中有詩。」王維的詩幫助他作畫，畫幫助他寫詩，他的佛學造詣也在詩、畫中發揮了重要作用。

我們也可以從多任務學習的角度來解釋為什麼現在教育需要「德、智、體、群、美」全面發展。

很多家長最重視孩子的學習，學習似乎成了孩子唯一要完成的任務。可是，如果家長只關心孩子的學習，而不關心其他方

面，那麼可能導致事與願違的結果：孩子不僅會在其他方面有所欠缺，可能在家長最重視的學習方面也會出問題。舉個例子，孩子因缺乏鍛鍊而身體不好，這肯定會耽誤他的學習。此外，如果孩子沒有正確的三觀，那麼他的學習動力也會不足。

因此，要想培養一個孩子，通常需要同時進行多項任務。例如，我們要求孩子做到「德、智、體、群、美」全面發展。這五個目標之間相互關聯，它們在基礎有相通之處（例如都需要堅毅的性格、良好的習慣等）。由於多個目標之間存在相關性，用多個目標訓練出來的孩子，通常都會比用單個目標訓練出來的孩子更優秀。

回到大學生學習的問題。雖然「課本知識」和「工作技能」不完全相同，但是考慮到這兩項任務之間有一定相關性，如果用多任務學習的模式同時訓練這兩項任務，可能會起到「1+1>2」的作用。例如，學習當前的課本知識，可以更好地為一個人的未來工作做鋪墊；同樣，如果學習一些將來會用到的工作技能，反過來也可以幫助他更好地了解當前課本知識的真正用途，從而加深對課本知識的理解。

我們需要注意，在經典的多任務學習中，多項任務的重要性是相同的。多任務學習的目的是提高模型在所有任務上的平均性能。

但是，大學的終極目的，應該是幫助大學生更好地適應將來的工作，而不是「學習課本知識」。「學習課本知識」和「學習

工作技能」這兩個任務的重要性不同。

　　因此，我們需要特別偏重某項任務來進行訓練，亦即進行遷移學習（transfer learning）。

遷移學習

　　通俗來講，遷移學習就是把在某一個領域學到的知識，用來幫助另外一個領域內的任務更好地完成。為了方便理解，遷移學習把第一個領域稱為「源域」，第二個領域稱為「目標域」。遷移學習希望能夠把在「源域」中學習到的知識運用到「目標域」中。

　　人其實很會做遷移學習，如果你會騎自行車，那麼你學騎摩托車、騎電動車會更容易；如果你會打羽毛球，那麼你學打網球就會很輕鬆；如果你會蛙式，那麼你學習自由式的速度一定會比一個不會游泳的人更快。

　　遷移學習是近十年人工智慧領域的重點之一。深度學習模型的訓練需要大量的、有精準標註的資料，但在實際應用中，有的領域有充足的資料，有的領域沒有。因此把那些在訓練資源豐富的領域內學習到的知識用於另一個訓練資源並不豐富的領域，是一項十分迫切的需求。

　　例如，現在對於自然圖像上的分類任務，已經有像影像識別

資料庫（ImageNet）這樣大規模且標註情況良好的資料庫，並已在此基礎上訓練出很多精度很高的模型。但現在我們想要訓練一個高精度的醫療影像分類模型，卻不是一件容易的事，醫療影像的蒐集成本高，資料很難標註，因此資料庫的規模較小，在這些醫療資料庫中訓練的分類模型精度也會受影響。利用 ImageNet 這樣大規模的自然圖像資料庫來更好地實現醫療影像的分類，就是遷移學習要做的事情。

遷移學習的難點是克服源域和目標域之間存在的差異。以醫療影像處理為例，自然圖像和醫療影像肉眼看上去區別很大。如果直接透過用自然圖像訓練好的模型處理醫療影像的分類任務，效果一定不好。

遷移學習領域的研究人員發現，想把源域的知識「遷移」到目標域，關鍵在於找到這兩個領域之間的「共性」。

以游泳為例。如果你學會了蛙式，那麼你學習自由式的速度一定會比一個不會游泳的人更快。這是因為「蛙式」和「自由式」的游泳姿態雖然不一樣，但是在換氣以及游泳時身體的協調感、水感等方面存在共性。你學會了蛙式，自然掌握了這些共性，再學自由式也就更容易。

我讀大學時，一位教授在介紹遷移學習時舉了駕駛員開車的例子。我們知道，在中國汽車靠右行駛，而在澳大利亞等地的汽車靠左行駛。如果一個中國人去澳大利亞自駕旅遊，要怎樣避免

逆向行駛呢？

　　關鍵點在於找到兩個國家在駕駛方面的共性。在中國，駕駛的位置在汽車左側；而在澳大利亞，駕駛的位置在右側。這樣，我們就可以找到一條共用規則：**不管在哪裡行駛，駕駛員都要讓自己的位置比副駕更靠近道路的中心線**。在中國，左駕的車要在道路右側行駛，這可以讓駕駛員比副駕更靠近道路中心線，如果跑到道路左側了，那麼駕駛員就比副駕離中心線更遠了；在澳大利亞，右駕的車要在道路左側行駛，駕駛員同樣會比副駕更靠近道路中心線。當我們挖掘出這條共性時，駕駛員就可以很容易地將駕駛習慣順利地從一個國家「遷移」到另一個國家（見圖 18-2）。

右駕在道路左側行駛，
可以讓駕駛員比副駕
更靠近道路中心線

a)

左駕在道路右側行駛，
可以讓駕駛員比副駕
更靠近道路中心線

b)

圖 18-2　**遷移學習**

　　遷移學習就是透過自動挖掘源域和目標域之間的「共性」，實現知識從源域到目標域的遷移。

　　共性有很多類別，我們可以按照共性的類別將遷移學習分為幾類。第一類，是「**基於實例的遷移學習**」（instance-based transfer learning）。雖然源域和目標域的資料總體看起來不一樣，但是源域中的某些資料樣本很可能和目標域中的比較相似。這時候，如果我們在源域中找到這些資料，並在訓練時重點關注這些資料，讓模型盡量對這些資料進行正確的分類，那麼在經過這樣的校準後，從源域上得到的模型在應用於目標域時，效果就會比較好了。

　　第二類，是「**基於特徵的遷移學習**」（feature-based transfer learning）。

　　在機器學習中，模型總是先對資料（例如圖像等）進行處理，提取資料的「特徵」，然後基於特徵完成各項指定的任務（例如分類等）。因此，如果我們能找到源域和目標域資料之間的一些共性特徵，就更能把源域中的知識用到目標域。

　　第三類，是「**基於模型的遷移學習**」（model-based transfer learning）。用於圖像識別的深度神經網路是有分層的。研究人員發現，神經網路中更靠近輸入的一些分層，識別的主要是物體的輪廓、曲線、線條等基本特徵，這些基本特徵通常和任務或領域無關。而更靠近輸出的分層才和具體的任務或領域相關。比

如，現在我們用大量的貓和狗的圖片訓練出一個可以區分貓和狗的深度神經網路，那麼這個神經網路更靠近輸入的幾層，同樣可以幫助我們很好地完成區分牛和馬的任務。這樣一來，我們可以把在源域訓練中得到的模型中更靠近輸入的幾層參數固定下來，目標域的資料只用來訓練剩下那些層的參數。

回到大三學生的例子。根據大學的目的，學生應該把重心放在如何將當前在學校中學習的課本知識遷移到將來的工作中。

如果利用遷移學習中「基於實例的遷移學習」這一思維，那麼一個人的學習方式應該是這樣的：首先找到某些與將來的「工作技能」密切相關的「課本知識」，然後在上課學習的過程中為它們設定更高的權重。例如，如果一個人將來打算從事 AI 演算法方面的工作，那麼「演算法設計與分析」「智慧計算導論」「線性代數」「機率統計」等課程就會和他要從事的工作密切相關，這些課程中蘊含的知識就是共性。然後，他應該重點關注這些課程並更用心地學習。這樣他的「課本知識」就可以更好地遷移到將來的工作中。

如果利用「基於模型的遷移學習」這一思維，那麼他在上課學習的過程中，應該有意培養一些很容易擴展到將來「工作技能」中的基礎能力。

例如，不管將來從事什麼工作，都需要有**理解能力**。如果你是團隊的領導，你需要理解自己的團隊和使用者，你需要知道不

同的人對同一事物有不一樣的看法，你要能傾聽和你相反的觀點。如果你是一名產品經理，你需要理解你負責的產品，比如它的特點，它和市場上其他類似產品的區別與關係，還需要理解使用者的訴求和負責開發產品的工程師。

因此，一名大學生如果有意培養自己的工作技能，他應該通過課堂學習來重點培養自己的理解能力。他不應再糾結於哪些課的內容和工作技能密切相關，而應試圖透過學習每門課，充分鍛鍊包括理解能力在內的這些基礎能力。

例如，通過「宗教與社會文化」這門課，你可以分析宗教的起源、社會文化的發展和兩者之間的關係。你可以分析宗教、社會、文化，分析多方的訴求、動機和利益共同點，以及它們之間存在什麼衝突、衝突如何解決等，這讓你能站在一個更高的視野看待很多看上去複雜的問題和現象。同樣的，「法律、科技與社會」這門課也有利於培養一個人的理解能力。你需要理解法律對科技發展的作用，科技對法律的影響，以及這兩者對社會發展的影響。

將來在工作中，你還需要用到的一項基礎能力就是**表達能力**。例如，在公司，你所在的團隊在完成了某個重要的專案之後，通常需要和主管彙報情況，讓主管知道團隊的工作對公司很重要，團隊的人員能力很強，主管應該給團隊更多的資源。要想達到主管的目的，就需要彙報人具有較強的表達能力。

　　因此，在大學裡，一個學生需要有意識地培養自己的表達能力。現在很多老師都會在課堂上和學生進行交流，這時候你需要積極主動地表達自己的觀點。很多學生會在大學階段就進入實驗室做專題，如果是這樣，在每週實驗室的組會上也要把自己的PPT做好，藉此機會清晰地表達自己的工作。這些都是培養表達能力的重要手段。

　　除了上面的理解力、表達力外，還有分析問題的能力、解決問題的能力等，這些都是將來可以遷移到各個領域的基礎能力，都應該在大學裡有意識地進行培養。

　　我們之前介紹的多任務學習和遷移學習有一項共性：關心的都是**模型當下與完成給定任務有關的技能**。

　　如果一個學生選擇使用多任務學習，他會同時學習「課本知識」和「工作技能」，並利用這兩項任務之間的相關性更好地完成這兩項任務。用多任務學習訓練完，**「當下的他」**就具有了同時較好地完成兩項任務的能力。

　　如果一個學生選擇使用遷移學習，透過挖掘「課本知識」和「工作技能」之間的共性，就可以讓他當前學習的「課本知識」更好地為「工作技能」服務。用遷移學習訓練完，**「當下的他」**就具有了更好地掌握「工作技能」的能力。

　　注重當下的優點，就是讓人在當下能夠立刻走上正軌。但是缺點也很明顯，用這種方式培養的人，潛能不一定高。

現在有很多 IT 職業教育機構，他們專注於培養能夠立刻用上的技能。例如，一個在程式設計方面零基礎的人，經過這些機構幾個月的培訓後，就可以熟練地用某種程式語言來編寫程式。另外，這些職業教育機構非常關注前沿的事物，哪種程式語言更受歡迎，他們就會立刻給學員安排相應的課程。

而大學、學院則不同。世界上很多大學或專科學院的資訊專業並不會直接開設太多和程式設計相關的課程。和 IT 職業教育機構相比，大學的資訊專業特點就是課程多而雜，每個學生都要完成將近 50 門甚至更多課程的學習和考試，這些課程中包括很多人文、經濟、數理等方面的內容。

那麼，IT 職業教育機構培養的人，和大學資訊專業培養的人有什麼區別呢？

我們來看一個例子。假設近兩年有種新的程式語言很熱門，非常受各公司的歡迎。現在有兩個人，一個人在 IT 職業教育機構裡專門接受了關於該程式語言為期半年的培訓，另一個人則在大學的資訊學院學習了四年，但是根本不了解這種程式語言。現在讓這兩個人坐下來，用該語言完成一項任務，那麼很顯然，第一個人肯定會比第二個人完成得好。但是如果給他們一段時間來熟悉這個語言後，再進行測試，那麼第二個人很有可能會做得更好。

第一個人雖然可以立刻上手，但是潛能不如第二個人。IT 職

業教育機構培養的人雖然可以在「當下」解決很多問題，但是大學培養的人潛能更高。

我們要想像大學那樣培養人的潛力，需要另一種學習方式，它就是元學習（meta-learning）。

元學習

元學習是人工智慧領域近幾年發展起來的一個方向。簡單來說，元學習就是讓機器**學會如何學習**。

不管是單任務學習、多任務學習還是遷移學習，都是透過訓練讓機器學會完成一項或多項指定任務。透過訓練，機器「當下」就具有了完成某個任務的技能。

而元學習是透過訓練，讓機器具有好的學習能力。這樣出現一項新的任務時，雖然機器「當下」不能很好地完成該任務，但是只要給它一點點時間進行訓練，它就可以非常好地完成這項新的任務。

例如，經過元學習，在沒有貓的訓練集上訓練出來的一個圖片分類器，可以在看過少數幾張貓的照片後，分辨出一張新的照片中有沒有貓。透過元學習，一個僅在平地上訓練過的機器人可以快速在山坡上完成指定任務；透過元學習，一個玩遊戲的 AI 可以快速學會如何玩一個從來沒玩過的遊戲。

　　類比對人的培養，如果用元學習的方式訓練一個人，那麼他就掌握了一套好的「**學習方法論**」。

　　學習方法論是指一個人在學習時所使用的方式、思維模型和章法。

　　例如，現在有一項任務是讓一個人用他之前沒學過的一種程式語言來編寫一道程式，不同人完成這個任務的方式是不一樣的。

　　有些人的方式是：找到一本針對該語言的圖書，從頭到尾地讀一遍，然後做書後習題，等到自己對該語言非常熟悉後，開始根據任務來編寫這個程式。

　　而另一些人的方式是：先大致了解該語言的語法，然後在網路上找到和任務功能相似的代碼，開始讀這個代碼，並在此基礎上編寫、調校，遇到不懂的地方，直接去查該語言的語法。

　　這就是兩種不同的學習方法論。這個例子中，第一種完成方式總結起來是「先學習、再實踐」，第二種完成方式則是「在實踐中學習」。一個優秀的程式設計師，通常都會選擇第二種完成方式。

　　我們可以看出，「技能」和「學習方法論」有兩個區別。

　　第一個區別在於關注的時間點。「**技能**」著眼「**當下**」，「**學習方法論**」著眼「**未來**」。在某項指定的任務中，擁有和任務相關的技能可以讓你即刻著手進行該任務，而學習方法論並不

能讓你即刻著手進行該任務，而是需要你先學習一段時間。但是掌握了學習方法論的人只要稍加學習，就可以很好地完成任務。

第二個區別在於通用性。「技能」通常是針對某項特定的任務而言的，而「學習方法論」則可以應用於多個不同的任務。

在上文的例子中，職業教育機構和大學相比較，前者是在培養技能，經過職業教育機構培訓的人進入公司後，通常可以立刻熟悉工作。而大學並不太注重培養「當下可用技能」，更注重教授一套好的「學習方法論」。學生掌握了「學習方法論」之後，不管他將來做的是什麼工作，他有沒有了解過相關的具體工作內容，只要他經過短時間的學習，都會很容易上手掌握。

如何判斷一個人是否有潛能？我們同樣可以透過「關注的時間點」和「通用性」這兩個角度來衡量。

例如，一個公司如果想在面試時招募一名有潛能的員工，就不應該只觀察這個人在筆試時的表現。如果只透過筆試的成績好壞來招人，那麼招到的通常是當下具有某種技能的員工。要想招到一個有潛能的員工，有一個很簡單的方法，就是給這個面試者一段試用期，並且在試用期中給他多項他之前沒見過的任務，讓他自己去摸索，最後看看他的綜合表現。

綜合表現好的人，一定掌握了好的學習方法論，借用學習方法論，他經過短時間的學習就可以比較好地完成多項不同的任務。他比那些僅僅在面試時表現好的人更有潛力。

　　之前我讀博士後時的導師也是用這種方法來招博士生。對於一個滿足了基本條件的學生，他會給學生一個研究課題和一、兩週的時間，讓他自己去看相關的文獻、蒐集資料，最後寫一個調查報告，這也是在觀察一個學生的研究潛能。那麼，一個人如何找到和培養適合自己的學習方法論呢？這一點我們同樣可以從元學習的訓練模式中受到啟發。

　　傳統的機器學習訓練模式的特點是「任務少、訓練資料多」。要想讓一個模型完成某項特定的任務，需要用和該任務相關的大量資料對它進行訓練。

　　而元學習的訓練模式的特點是「任務多、訓練資料少」。之所以「任務多」，是因為想透過訓練得到適用多項任務的通用「學習方法論」，而不是只能完成某項任務的特定技能；之所以「訓練資料少」，是因為我們要求這個學習方法論能只用少量的資料訓練就得到較好的效果。

　　在元學習訓練中，通常會先給一個初始的「學習方法論」，然後用某些策略，根據該學習方法論在不同任務上的表現不斷進行調整，最後找到一個在平均意義上對所有任務最有效的學習方法論。

　　我們可以看出，機器學習中，元學習「任務多、訓練資料少」的特點，很像大學期末考試前學生的集中學習模式。

　　大學裡，一些學生如果平時沒有投入到課堂中，考試前就需

要在短短的一、兩週內，迅速學完多個考試科目。

如果某個學生僅僅靠考前兩週的集中學習，就可以把很多門平常沒有認真聽過的課程考出高分，那麼他通常就具有了很強的「學習方法論」。這套學習方法論適用於多門不同的課程，讓他可以經過短時間的訓練，就很好地掌握課程內容。

所以說，大學之所以開設那麼多門課程，除了希望學生能夠具有廣博的知識和一些基礎能力外，也可能是因為想透過對這些不同門類的課程進行學習，讓學生掌握一個好的、通用的「學習方法論」。當然，機器學習領域透過資料訓練來逐漸找到一個好的「學習方法論」，而我們人類已經總結了很多行之有效的「學習方法論」。每個人都可以試一下這些方法論，如果對自己有效，就可以立刻用起來。

━━━━━━━━━━━ 總結 ━━━━━━━━━━━

　　這一章講了機器學習的四種學習模式：單任務學習、多任務學習、遷移學習和元學習。

　　單任務學習只針對某項任務進行訓練，訓練結束後，受訓者就會很擅長完成該任務，正所謂「一招鮮，吃遍天」。但是很多情況下，多項任務的基礎有相關性。如果我們用多項任務一起同時訓練某個人，那麼這個人的能力可能比只進行單項任務訓練的人更強。

　　遷移學習則關注如何更好地將一個人在某個領域學習到的知識遷移到另外一個領域。因此，我們要注重那些可以遷移到其他領域的基礎能力。

　　以上的學習模式都更注重當下的技能，而元學習則更注重未來。一個人有了元學習能力之後，雖然不能立刻完成一項新的任務，但是經過短時間的訓練他就可以迅速上手，很好地完成這項新任務。

　　回到我們在這章一開始提出的那個問題。因為接受大學教育是為了幫助學生在進入社會前，更好地適應將來要做的工作，所以在大學裡，學生應該著重於兩種學習模式：遷移學習和元學習，並且將這兩種學習模式融合起來。

　　透過遷移學習我們知道，學生在大學裡應該有意識地培養自

己一些能遷移到將來工作技能中的基礎能力，包括理解能力、表達能力、分析問題的能力、解決問題的能力等。其實，如果有機會，可以認認真真地當個研究生。研究生重點培養的不是具體的專業知識，而是透過讓人解決一個前人沒有解決的問題，鍛鍊和培養其觀察事物的能力、調查能力、挖掘事物本質的能力、表達能力等。這些能力都可以很容易地遷移到未來的工作中。

　　透過元學習我們知道，在大學裡，我們不要只培養那些在未來工作中能直接用上的「技能」，更要培養自己的「學習方法論」，學會如何學習。好的學習方法論可以幫助我們在一個新的領域中迅速上手。有了好的學習方法論，我們會成為一個更有潛力的人。

—— 第 19 章 ——
邏輯清晰的增量式表達力
—— 奇異值分解

　　本章要和大家談一個在實際生活中很有用的話題：如何清晰地表達一件事情。先來講一個例子。

為什麼需要訓練表達力？

　　假設你的孩子叫小明，正在上小學。下午時，你突然接到老師打來的電話，下面是你和老師的對話。

　　老師：「你是小明的家長嗎？我是他的班主任。」

　　你：「是的是的。老師您有什麼事嗎？」

　　老師：「和你說一件事情啊！今天一個孩子過馬路時，不小心掉進馬路邊的水溝裡了！」

　　你：「啊！」

　　老師：「別著急，不是小明！」

　　你：「哦，嚇死我了。」

老師：「小明也跳進去了！」

你：「啊！！」

老師：「但他是去救那個孩子！」

你：「哦⋯⋯」

老師：「小明幫助他爬出來了，兩個孩子都很安全！他的表現太棒了！恭喜你！」

你：「⋯⋯」

雖然最後的結局很好，但是老師的表達方式一定讓你感慨萬千，你肯定很想問問老師：「你到底是來祝賀我的，還是來嚇我的！」

雖然這個例子很誇張，但是在生活中，很多人的表達或多或少都有些問題。我遇見很多碩士生、博士生，他們在和我講一個他手頭做的研究問題時，滔滔不絕地說了半天，可是東一句西一句，我實在不知道他到底要講什麼。

那麼，該如何清晰地表達一件事情呢？

我先把結論寫出來。清晰表達一件事情的方式是下面這樣的：先說重要的資訊，再逐步添加細節。這種方式也可以被稱為**「由主到次的增量式表達」**。

「由主到次的增量式表達」聽起來很簡單，其實裡面蘊含數學的智慧。

傳輸圖像的兩種模式

我們可以從圖像傳輸模式中得到一些啓發。

很多人都有過這樣的經驗：在網速不佳時，如果你打開一個包含一張高清圖片的網頁，這張圖片並不會一下子顯示出來。如果此時你盯著這張圖片看，就會發現這張圖片在完全顯示出來之前可能會有兩種呈現模式。

第一種模式，就像一個從上到下逐漸展開的卷軸（見圖19-1）。在這種模式下，圖片從頂端開始顯示，逐漸延伸到底部。注意，在這個過程中，圖片顯示出來的部分一直是清晰的。

圖 19-1　從上到下逐漸顯示全圖

第二種模式，也是我們最常見的模式（見圖19-2）：一開始就顯示了圖片的全部，但這時圖片是模糊的，然後逐漸變清晰。

這兩種模式看起來好像差不多，但二者給用戶帶來的感受完全不同。除非圖片的重點就在上端，否則第一種從上到下的模式需要讀者一直等到重點出來後，才能知道這幅圖畫的是什麼。

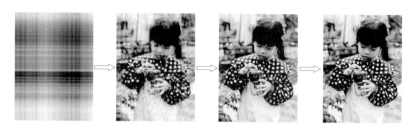

圖 19-2　由模糊到清晰的顯示圖片

　　第二種模式，也就是整體逐漸清晰的模式，則可以讓讀者在最短的時間內了解這張圖片的大致內容。因為即使看到一幅不那麼清晰的圖片，讀者也可以大概知道其內容，從而決定是接著等待，還是直接關掉網頁。

　　從給讀者帶來的體驗而言，第二種模式無疑更好，這種模式就是「由主到次的增量式表達」。

　　如果在圖像傳輸上運用從主到次的增量式表達，那麼待傳輸的圖像會被拆分成多個子圖像，並且每次傳遞一個子圖像。實現這兩種模式有兩個前提條件。

　　第一，每個子圖像的重要性不同，我們需要將這些子圖像按照重要性排序。

　　第二，每個子圖像都一定要比原始的完整圖像更小。這一點很重要，因為如果子圖像記憶體不比原始圖像小，那麼直接傳原始圖像就好，完全沒必要每次傳遞子圖像。

　　我們來看一下，滿足這兩個條件的技術具體上如何實現。

如何由主到次地增量式表達一個矩陣？

在分享之前，我們先建立一個認知：圖像和矩陣是等價的。

如果把一幅圖像放大，就可以看出圖像實際上是由一個個小方塊組成的。這些小方塊就是像素。每個像素點上都有一個值，代表這幅圖像在該像素點上的顏色。一個黑白圖像的像素值一般在 0~255 之間。彩色圖像的原理其實和黑白圖像差不多，只是彩色圖片需要三個矩陣（R, G, B）來描述。爲了方便理解，我們僅以黑白圖片爲例。

我們可以把一個約 200 萬像素（縱向 1600 像素，橫向 1200 像素）的黑白圖像看成一個大小爲 1600 像素 ×1200 像素的矩陣。該矩陣在某行某列的值，就是對應位置上像素的灰度值。

建立了「圖像＝矩陣」這個概念之後，我們只需要知道如何由主到次地增量式表達一個指定的矩陣即可。

要回答這個問題，我們需要借助一項數學工具，這個工具叫作矩陣的奇異值分解（Singular Value Decomposition，SVD）。

奇異值分解是線性代數的核心之一。具體的原理我不在此闡述，你只需要知道，借助奇異值分解，我們可以把一個矩陣拆成多個大小相同的矩陣之和。

寫成數學公式就是這樣，對於 A 矩陣而言，奇異值分解可以將 A 寫成多個矩陣 $A_1, A_2, \cdots A_r$ 之和的形式：

$$A = \sigma_1 \cdot A_1 + \sigma_2 \cdot A_2 + \cdots + \sigma_r \cdot A_r \qquad (19.1)$$

注意每個用來表達 A 的矩陣之前都會有一個不同的係數 σ。

用奇異值分解得到的 $A_1, A_2, \cdots\cdots A_r$ 的矩陣範數的大小相同，都是 1。關於矩陣的範數有嚴格的定義，但我們可以粗略地理解成矩陣中元素的大小。也就是說，這些用來表達 A 矩陣裡面的元素大小在總體上是相當的，不會出現某個矩陣裡面的數比其他矩陣裡面的元素大很多的情況。

其次，奇異值分解還有一項重要性質，就是這些矩陣前面的係數都大於零，並且具有如下的特點：

$$\sigma_1 \gg \sigma_2 \cdots \gg \sigma_r$$

這裡的≫是指遠大於。也就是說，第一個係數 σ_1 要比第二個係數 σ_2 大得多，第二個係數 σ_2 又會比第三個係數 σ_3 大得多，簡單來說，前一個係數比後一個係數大得多。

你看出來了嗎？用奇異值分解得到矩陣 A 的這種表達方式，**就是對矩陣 A 由主到次的增量式表達。**

原因很簡單，因為 σ_1 遠遠大於其他的係數，並且 A_1 的大小和 $A_2, A_3 \cdots\cdots$ 相當，因此 $\sigma_1 A_1$ 是構成矩陣 A 的一個最重要的成分，$\sigma_2 A_2$ 是僅次於 $\sigma_1 A_1$ 的構成 A 的最重要的成分，包含了 $\sigma_1 A_1$ 所沒有的細節。增加了這個細節之後，$\sigma_1 A_1 + \sigma_2 A_2$ 能夠比 $\sigma_1 A_1$

更準確地表達 A。

　　之後的 $\sigma_3 A_3$ 是僅次於 $\sigma_1 A_1$ 和 $\sigma_2 A_2$、構成 A 的最重要成分，也是剛才 $\sigma_1 A_1 + \sigma_2 A_2$ 沒有包含的細節。增加了這個細節後，$\sigma_1 A_1 + \sigma_2 A_2 + \sigma_3 A_3$ 能比 $\sigma_1 A_1 + \sigma_2 A_2$ 更準確地表達 A。

　　以此類推。

　　我們可以看出，這種方式具備下面的兩個特點。

　　一、是「由主到次」。奇異值分解得到的這些矩陣 $\sigma_1 A_1$，$\sigma_2 A_2 \cdots\cdots \sigma_r A_r$ 的重要性從左到右依次降低。

　　二、是「增量式表達」。從 $\sigma_2 A_2$ 算起，每一項都是在前面所有項之和的基礎上增加的細節。

　　然而，要實現上一節中的傳輸圖像的目的，我們還需要一個條件，即每個單獨的矩陣（$\sigma_1 A_1$，$\sigma_2 A_2$ 等）所需要的資料都比原來的矩陣 A 小得多。

　　從表面上看，這一點並不容易發現，因為這些用來表達 A 的矩陣 $A_1, A_2 \cdots\cdots$ 的大小都和 A 一樣（如果不一樣，矩陣就都不能滿足相加的條件）。

　　然而這種用奇異值分解得到的矩陣的表達，的確符合這個條件。答案在於，用奇異值得到的 $A_1 \cdots\cdots A_r$，雖然和原來的矩陣 A 的大小一樣，但是要比 A「簡單」得多。而「簡單」，就意味著我們可以用更少的資料來構建。

　　什麼叫矩陣很簡單？矩陣的「簡單程度」和它裡面的行或列

排列的規律性有關，越規律，就越簡單。

我們來看兩個例子。這裡有兩個矩陣：

$$A=\begin{pmatrix} 3 & 5 & 8 & 6 & 5 & 4 \\ 4.2 & 7 & 11.2 & 8.4 & 7 & 5.6 \\ 4.8 & 8 & 12.8 & 9.6 & 8 & 6.4 \\ 4.2 & 7 & 11.2 & 8.4 & 7 & 5.6 \\ 3.6 & 6 & 9.6 & 7.2 & 6 & 4.8 \end{pmatrix} \qquad A'=\begin{pmatrix} 9 & 9 & 9.3 & 8.8 & 5.1 & 3 \\ 13 & 11.6 & 12 & 8.3 & 12.4 & 12 \\ 8.2 & 4.5 & 12.8 & 12.4 & 8 & 5.8 \\ 12 & 6.5 & 9 & 10 & 2.7 & 4.8 \\ 10 & 12.7 & 3.5 & 9.3 & 9.6 & 3.6 \end{pmatrix}$$

為了更直觀，我們把這兩個矩陣畫出來（見圖 19-3）。每個格子的顏色，對應矩陣相應元素的值。

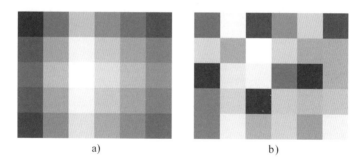

a)　　　　　　　　　　　　b)

圖 19-3　兩個矩陣對應的圖像

可以直接看出，圖 19-3a 的這個圖像非常有規律。具體來說，這個矩陣所有行的變化規律很相似：開始時比較小，後來逐漸增大，然後在第三個元素的位置達到高點，之後逐漸變小。

而圖 19-3b 這個圖像每一行的變化規律都是不同的，看起來

像隨機雜訊一樣，對應的矩陣顯然更複雜。

如果一個矩陣很簡單，那麼理論上，我們就可以用更少的資料把這個矩陣重新構建出來。

我們還是以左邊這個看起來有規律的圖所對應的矩陣為例。如果仔細看這個矩陣的具體數值就可以發現，該矩陣的每一行都是第一行的某個特定倍數。這樣就可以看得更清楚：

$$A=\begin{pmatrix} 1.0\ (3\ 5\ 8\ 6\ 5\ 4) \\ 1.4\ (3\ 5\ 8\ 6\ 5\ 4) \\ 1.6\ (3\ 5\ 8\ 6\ 5\ 4) \\ 1.4\ (3\ 5\ 8\ 6\ 5\ 4) \\ 1.2\ (3\ 5\ 8\ 6\ 5\ 4) \end{pmatrix} \qquad (19.2)$$

這種每一行的規律完全一樣的矩陣，在數學上有一個名詞，叫作「單秩矩陣」。

單秩矩陣有一個好處。對於一個 m 行 n 列的單秩矩陣而言，雖然它包含有 $m \times n$ 個元素，但是實際上，我們可以用一個包含 m 個元素的列向量和一個包含 n 個元素的行向量表示它。

對於上面的例子而言，A 這一 5 行 6 列、包含 30 個元素的單秩矩陣，可以寫成一個包含 5 個元素的列向量和一個包含 6 個元素的行向量乘積，即：

$$A=\begin{pmatrix} 1.0\,(3\;5\;8\;6\;5\;4) \\ 1.4\,(3\;5\;8\;6\;5\;4) \\ 1.6\,(3\;5\;8\;6\;5\;4) \\ 1.4\,(3\;5\;8\;6\;5\;4) \\ 1.2\,(3\;5\;8\;6\;5\;4) \end{pmatrix}=\begin{pmatrix} 1.0 \\ 1.4 \\ 1.6 \\ 1.4 \\ 1.2 \end{pmatrix}(3,5,8,6,5,4)$$

也就是說，雖然 A 這個單秩矩陣看起來有 30 個元素，但是實際上，我們一共只需要傳輸 5+6=11 個元素，就可以把它建構起來。

我們需要強調的是，用奇異值分解來表示一個矩陣 A 的時候，得到的這些矩陣 $A_1, A_2 \cdots\cdots A_r$ 都是**單秩矩陣**。

也就是說，**借助奇異值分解，一個很複雜的矩陣被拆成了極其簡單且重要性依次降低的單秩矩陣之和。**

至此，我們就把圖像傳輸的過程介紹清楚了。

現在遠端伺服器中有一張大圖片，在伺服器上直接對該圖片形成的矩陣 A 做奇異值分解，會得到如下的形式：

$$A=\sigma_1 A_1+\sigma_2 A_2+\cdots+\sigma_r A_r \tag{19.3}$$

假設 A 是個 m 行 n 列的矩陣，中間有 $m\times n$ 個元素。

遠端的伺服器首先傳遞給你的是 $\sigma_1 A_1$ 所對應的行向量和列向量。這是一個單秩矩陣，只需要傳遞 $m\times n$ 個參數，所以傳送速率很快。你眼下的電腦用接收到的行向量和列向量計算出 $\sigma_1 A_1$

並顯示在你的頁面上。但因為 $\sigma_1 A_1$ 只是一個單秩矩陣，單秩矩陣看起來很規則，所以表達能力有限。因此，儘管 $\sigma_1 A_1$ 是 A 最重要的部分，但顯示出來的也只是一個十分粗略的圖像。

之後，遠端伺服器向你傳遞 $\sigma_2 A_2$ 對應的行向量和列向量。這次傳遞也僅需要 $m+n$ 個參數，因此也很快。你手上的電腦用這些參數直接構建 $\sigma_2 A_2$，並且直接添加在之前的 A_1 上，得到 $A = \sigma_1 A_1 + \sigma_2 A_2$ 並顯示出來。因為新增的部分增加了一些之前沒有的細節資訊，所以圖像會顯得更清晰一些。就像這樣，遠端伺服器不斷傳遞過來後續的單秩矩陣所需要的行向量和列向量。手上的電腦不斷使用這些計算出來對應的單秩矩陣，並疊加在之前的圖像上更新顯示。這樣，圖像就會像圖 19-2 一樣，顯得越來越清晰。

生活中使用這種表達方式的例子

由主到次增量式地表達一個事物，是一種特別高級的表達方式。我們來舉幾個生活中的例子。

例子 1：描述數字

如果我們想要向一個人描述 2315 這個數位，那麼最好的方式並不是告訴他「2315」。

　　因為對方聽到的第一個數字是 2，他聽完這個數字之後，並不能意識到這個數字到底有多大，他必須聽完最後一個數字，把他聽到的這些內容拼在一起，才能知道這個數字到底是多少。當然，如果是個很短的數字，這似乎沒什麼影響，但是如果數字太長，那難度就高了。

　　更好的、也就是我們經常使用的表達方式 ——「兩千三百一十五」。當他聽到「兩千」時，就知道這個數字的大致範圍（兩千多）。「兩千」是這個數位最重要的部分，當然應該首先被說出來。而隨後「三百」這個資訊，則補充了之前「兩千」沒有包含的細節。「一十」，則進一步補充了更小的細節，最後的細節由「五」來填滿。

　　這也是由主到次的增量式表達。這種表達比直接說「2315」更親民，也更能有效傳達。

　　如果我們從數學的角度，就可以看得更清楚，即：

$$2315 = 2000 + 300 + 10 + 5$$

例子 2：正月十五的月亮

　　我們看看，用「由主到次的增量式表達」的方式，如何描述正月十五的月亮。

　　我們梳理一下正月十五日月亮的特點，包括月亮很亮、很圓，能看見月暈，如果你仔細觀察，說不定還能看見月亮依稀可

見的陰影。

首先，我們把這些特點按照重要性進行排序。

正月十五的月亮最重要的特點就是圓。因此如果你用一個詞來描述，那麼就是「正月十五的月亮圓圓的」。

接著，次重要的資訊就是亮度了。因此，我們要在「形狀很圓」的基礎上增加亮度訊息，那麼就會是「正月十五的月亮圓圓的，很亮」。再多增加一些細節，就是在仔細觀察的情況下所看到的「月暈」。因此，我們要在「形狀很圓」「亮度很亮」的基礎上再增加細節，就會是「正月十五的月亮圓圓的，很亮，能看見月暈」。

最後繼續增加一些細節，也就是在仔細觀察的情況下能看到的「陰影」。因此，我們在「形狀很圓」「亮度很亮」「有月暈」的基礎上再增加上陰影細節，那麼就會得到了最後的表達方式：

「正月十五的月亮圓圓的，很亮，能看見月暈。如果你仔細看，還能隱約看到月亮上的陰影。」

這種表達方式就是一個由重點到細節、由主到次，逐步表達一個事物的方法，這種方式能讓讀者的閱讀非常順暢。

如果你倒過來，就會變得不一樣了。例如：「正月十五的月亮中隱約能看到陰影，還能看見月暈，月亮很亮，還很圓。」

例子 3：中英文表達方式的區別

在某些情況下，英文在表達方式上似乎比中文更具有這種「由主到次的增量式表達」的特點。

比如，在描述一個事件的發生時，英文通常按照事情的重要程度描述問題，例如：

「*I saved a boy who felt into water when I was walking alone on the street this morning.*」

按語序直譯是：

「我救了一名落水兒童，當我在街上獨自走路，今天早上。」

注意到了嗎，英文通常是按照「事件本身＋地點＋時間」的順序來敘述。從重要程度來講，通常的排序確實是「事件本身＞地點＞時間」。

而中文的表達方式，則通常是「時間＋地點＋事件」：

「我上午在街上獨自散步的時候，救了一名落水兒童。」

這種表達方式讓讀者只有看到最後才能知道到底發生了什麼事。

例子 4：中國詩詞的兩種表達方式

中國的詩詞博大精深，但是從表達方式上來說，有兩種典型的表達方式。

第一種就是按照時間或空間的順序來描述事物。例如大家都熟悉的《天淨沙·秋思》：

枯藤老樹昏鴉，小橋流水人家，古道西風瘦馬。夕陽西下，斷腸人在天涯。

這種描述方式很像把一個卷軸放在你的面前，再緩緩展開給你看。這就是我們在第二節中說的「從上到下逐漸展開的卷軸」。

第二種就是我們說的，先說重點和概括性的內容，再補充細節。這個和前面所說用奇異值分解來表達一個矩陣的方式類似。大文豪蘇軾喜歡用這種方式。例如他在《念奴嬌·赤壁懷古》中寫道：

大江東去，浪淘盡，千古風流人物。故壘西邊，人道是，三國周郎赤壁……遙想公瑾當年，小喬初嫁了，雄姿英發……

第一句，就是整闋詞的主旨。從視覺上來看，這就像先遠觀，給出整體的描述，而後逐步拉近視野，補充細節。

蘇軾還有一首《江城子》也是這種風格：

十年生死兩茫茫，不思量，自難忘。千里孤墳，無處話淒涼。縱使相逢應不識，塵滿面，鬢如霜。夜來幽夢忽還鄉，小軒窗，正梳妝。相顧無言，唯有淚千行。料得年年腸斷處，明月夜，短松岡。

第一句就是整闋詞的主旨，後面的詩句補充了更多的情感和

細節。

最後值得說的是，在古詩中，這兩種表達方式沒有高下之分，各有各的美，每種風格都有流傳千古的名篇。

總結

要想在表達一件事情時，做到邏輯清晰且條理清楚並不容易。本章基於從矩陣的奇異值分解中得到的啓發，介紹了一種思考，就是「由主到次的增量式表達」。簡單來說，表達一件事情時，要先說重要的資訊，然後按照重要性逐步添加一些細節。

最後，回到本章一開始出現的例子。老師應如何更好地表達「你的孩子跳進馬路邊的水溝裡救出一個小孩」這件事情呢？

我們來試著用「由主到次的增量式表達」。

第一句話，應該要定基調，所以這位老師應該說「恭喜你！」

第二句話，應該補充一些細節，所以應該是「小明今天的表現太棒了。」

然後再補充細節。因此連起來應該是下面這樣的。

「恭喜你！」
「小明今天的表現太棒了！」

「今天有一個小孩，過馬路的時候不小心掉進馬路邊的水溝裡，小明跳進去救他，幫助那個孩子爬了出來，兩個孩子都很安全。」

你學會這種方式了嗎？

圓神出版事業機構
用心與你對話·開野無限寬廣
Eurasian Publishing Group

如何出版社
Solutions Publishing

www.booklife.com.tw

reader@mail.eurasian.com.tw

Happy Learning 208

心中有數·腳下有路
用數學思維解讀世界、解決生活中的難題

作　　者／劉雪峰
發 行 人／簡志忠
出 版 者／如何出版社有限公司
地　　址／臺北市南京東路四段50號6樓之1
電　　話／（02）2579-6600·2579-8800·2570-3939
傳　　真／（02）2579-0338·2577-3220·2570-3636
副 社 長／陳秋月
副總編輯／賴良珠
責任編輯／張雅慧
校　　對／張雅慧·林雅萩
美術編輯／林韋伶
行銷企畫／陳禹伶·黃惟儂
印務統籌／劉鳳剛·高榮祥
監　　印／高榮祥
排　　版／莊寶鈴
經 銷 商／叩應股份有限公司
郵撥帳號／18707239
法律顧問／圓神出版事業機構法律顧問　蕭雄淋律師
印　　刷／祥峰印刷廠
2023年5月　初版

心中有数——生活中的数学思维
Copyright 2022年 © by 人民邮电出版社
All rights reserved.

Complex Chinese copyright © 2023 by Solutions Publishing
Complex Chinese language edition arranged with 人民邮电出版社
through 韓國連亞國際文化傳播公司 (yeona1230@naver.com)

最強學習方法大全！
集結5大模板、30節大課及眾多圖表，
超過100種精進方法與獨家學習經驗！
10天背完4000個GRE單字；
實作康乃爾筆記、麥肯錫七步法、番茄鐘、魚骨圖……
書中的方法改變了作者的命運，也能改變你的～
　　　　　——《學習高手：哈佛、耶魯雙學霸的最強學習法》

◆ **很喜歡這本書，很想要分享**

　　圓神書活網線上提供團購優惠，
　　或洽讀者服務部 02-2579-6600。

◆ **美好生活的提案家，期待為您服務**

　　圓神書活網 www.Booklife.com.tw
　　非會員歡迎體驗優惠，會員獨享累計福利！

國家圖書館出版品預行編目資料

心中有數、腳下有路：用數學思維解讀世界、解決生活中的難題 / 劉雪峰
著. -- 初版. -- 臺北市：如何出版社有限公司, 2023.05
　　264 面；14.8×20.8公分 --（Happy Learning；208）

　　ISBN 978-986-136-658-6（平裝）
　　1.CST：數學　2.CST：思維方法　3.CST：通俗作品
176.4　　　　　　　　　　　　　　　　　　　　　112003933

$$-2x + 2 = 0$$

$$W = \frac{1}{2}mv^2$$

$$x = \frac{24.11 + 24.05 + 24.13 + 24.12}{4}$$

$$P = I^2 R$$

$$0.5 \times (85 - 65) = 10$$

$$nm \geq k\frac{L^2}{v^2}$$

$$W = F\Delta x = \frac{1}{2}kx_1 \cdot x_1 = \frac{1}{2}kx_1^2$$

$$J(x) = (x - 24.11)^2 + (x - 24.05)^2 + (x - 24.13)^2 + (x - 24.12)^2$$

$$y(t) = \int_{-\infty}^{\infty} f(\tau)g(t - \tau)\,\mathrm{d}\tau$$

$$x_n = \sqrt{\frac{2W}{k} + x_{n-1}^2} = \sqrt{\frac{2nW}{k}} = v\sqrt{\frac{nm}{k}}$$

$$y = a + bt$$

$$2(x-24.11)+2(x-24.05)+2(x-24.13)+2(x-24.12)=0$$

$$y = kx + b$$

$$y' = -2x + 2$$

$$W = F\Delta x = \frac{1}{2}kx_1 \cdot x_1 = \frac{1}{2}kx_1^2$$

$$x_n \geq L$$

$$P(A|B, C) = P(A|C)$$

$$\begin{cases} x_1 + x_2 = 35 \\ 2x_1 + 4x_2 = 94 \end{cases}$$

$$1 - \left(1 - \frac{1000}{36^6}\right)^n = 0.1$$

$$x_1 = \sqrt{\frac{2W}{k}}$$

$$x_2 = \sqrt{\frac{2W}{k} + x_1^2} = \sqrt{\frac{4W}{k}}$$

$$-2x + 2 = 0$$

$$W = \frac{1}{2}mv^2$$

$$x = \frac{24.11 + 24.05 + 24.13 + 24.12}{4}$$

$$P = I^2 R$$

$$0.5 \times (85 - 65) = 10$$

$$nm \geq k\frac{L^2}{v^2}$$

$$W = F\Delta x = \frac{1}{2}kx_1 \cdot x_1 = \frac{1}{2}kx_1^2$$

$$J(x) = (x - 24.11)^2 + (x - 24.05)^2 + (x - 24.13)^2 + (x - 24.12)^2$$

$$y(t) = \int_{-\infty}^{\infty} f(\tau)g(t - \tau)\,d\tau$$

$$x_n = \sqrt{\frac{2W}{k} + x_{n-1}^2} = \sqrt{\frac{2nW}{k}} = v\sqrt{\frac{nm}{k}}$$

$y = a + bt$

$$2(x-24.11)+2(x-24.05)+2(x-24.13)+2(x-24.12)=0$$

$$y = kx + b$$

$$y' = -2x + 2$$

$$W = F\Delta x = \frac{1}{2}kx_1 \cdot x_1 = \frac{1}{2}kx_1^2$$

$$x_n \geq L$$

$$P(A|B, C) = P(A|C)$$

$$\begin{cases} x_1 + x_2 = 35 \\ 2x_1 + 4x_2 = 94 \end{cases}$$

$$1 - \left(1 - \frac{1000}{36^6}\right)^n = 0.1$$

$$x_1 = \sqrt{\frac{2W}{k}} \qquad x_2 = \sqrt{\frac{2W}{k} + x_1^2} = \sqrt{\frac{4W}{k}}$$